经典传承读本

圣经的故事

黄未未◎著

文字、图片、版式设计等多种视觉元素有机结合

让传世经典再现时代风采，历史、文化、艺术精妙融合

开始一段愉快的彩色读书之旅

華文出版社
SINO-CULTURE PRESS

图书在版编目（CIP）数据

圣经的故事 / 黄未未著 .—北京：华文出版社，2009.4（2020.4 重印）

ISBN 978-7-5075-2667-7

Ⅰ. 圣… Ⅱ. 黄… Ⅲ. 圣经—故事 Ⅳ. B971

中国版本图书馆 CIP 数据核字（2009）第 051677 号

圣经的故事

著　　者：黄未未
责任编辑：杜海泓
封面设计：君阅书装
文字编辑：黎　娜
美术编辑：滕　霞
出版发行：华文出版社
地　　址：北京市西城区广外大街 305 号 8 区 2 号楼
邮政编码：100055
电　　话：总编室 010-58336239　发行部 010-58336267　58336230
责任编辑 010-58336210
经　　销：新华书店
印　　刷：永清县晔盛亚胶印有限公司
开　　本：720mm × 1010mm　1/16
印　　张：12
字　　数：154 千字
版　　次：2009 年 4 月第 1 版
印　　次：2020 年 4 月第 4 次印刷
标准书号：ISBN 978-7-5075-2667-7
定　　价：32.90 元

前 言

苏格兰小说家司各特在弥留之际忽然睁开眼来，家人看到他的嘴在嚅动着，但却异常清晰地听到他说："把书给我。"家人不解地问："什么书？"司各特说："傻瓜，当然是《圣经》。"

是的，当然是《圣经》，唯有《圣经》，才会使一位伟大的小说家在去见上帝之前的沉昏中特别地想起，唯有《圣经》，才能让一个不安分的灵魂找到最后的归宿。

这的确是一本独一无二的书，它不是文学书，但它的故事却成为很多伟大的文学家幼年的最初读本；它不是哲学书，但却被无数哲学家无数次引用，反反复复地讨论；它不是历史书，但《圣经》中所展示的关于犹太古史、亚伯拉罕艰难的迦南之旅，以及犹太民族为了自由与独立所作的努力，分明就是一部人类奋斗的艰难曲折的史诗；它不是政治教科书，但它对人类精神的启示，对生命意义的探索，对爱和未来的祈盼，以及它倡导的人与人之间的友好相处，无不让人们在残酷的物质竞争中找到灵魂的皈依。它是有史以来发行量最大、被人们阅读得最多的一本书，它历经两千年，至今不衰。今天，全世界有10亿以上的人把《圣经》当作他们的精神食粮，《圣经》被译成1800多种文字，长期以来一直是世界上流传最广的一本书。

一个人在其一生中，应该了解和掌握《圣经》的主要内容和基本知识。特别对于我们中国人，《圣经》是学习西方文化、了解西方历史和社会的必读书。但是《圣经》是一部规模宏大、内容丰富、人物复杂的作品，再加上中西文化差异，对普通读者而言，在短时间内掌握它并非易事。鉴此，本书精选100个经典圣经故事，并配以200余幅彩色插图，有机结合文字、图片、编写体例和艺术设计等多种要素，为读者打造出一个立体的、彩色的、极具文化魅力的阅读空间，使读者提高阅读和学习效率的同时，获得更多的审美享受、想象空间和文化熏陶。

目 录

人类的始祖

希伯来先驱

雅各的故事

约瑟的故事

犹太英雄摩西

士师时代的故事

先知撒母耳

以色列第一代君王扫罗

以色列第二代君王大卫

以色列第三代君王所罗门

南北分立的以色列

救世主耶稣诞生

童年时代的耶稣

耶稣在加利利

最后的晚餐

精神永承

人类的始祖

远古老人开天辟地

黑暗连接着黑暗，混沌连接着混沌。没有天，也没有地；没有白昼，也没有夜晚；没有星星月亮，也没有太阳；没有草地，也没有鲜花；没有飞翔的小鸟和直立着的人类，也没有昆虫兽鱼；没有开始，也没有结束：一切尽在虚无之中——这就是上帝创世之初。

忽然一天，上帝在睡梦中醒来，老人家觉得，宇宙本不该是这样子啊，这样子很不好。老人家于是决定改变这一切。

首先，上帝觉得，应该有光亮，使之与黑暗相隔。于是上帝将他能改变一切的大手猛力一挥，一道光亮照彻宇宙，自此有了白天和夜晚，有了清晨和黄昏。上帝又想，现在，终于有光亮了，还应该有空气，使之与天地相隔。老人家用他那智慧而万能的大手猛力一挥，从此便有了湛蓝的天和昏黄的地。上帝看了看天，又看了看地，他很满意，于是又说，这大地上应该有水，使之能滋润一切。老人家再次挥动他的大手，从此以后，便有了陆地和海洋。上帝认为，陆地上应该有绿草和鲜花，绿草也罢，鲜花也罢，都有籽和核，这样就可以从此繁衍不息。

就这样，上帝用6天的时间创造了今天我们所拥有的一切，四季的节令，冷暖的交替，陆地上的江河湖泊，乃至飞翔的鸟类和奔走的野兽。6天过去了，上帝看着他亲自创造的一切，满意地笑了。上帝打了一个哈欠，他觉得累了，他想，自己应该好好休息一日，于是，我们就有了星期日。

又一个星期开始，上帝看着这宇宙间欣欣向荣的一切，觉得这的确要比混沌和黑暗美妙得多了。看着那飞翔的小鸟和奔跑的兽类，上帝似乎觉得还有什么缺憾，老人家思索了一会儿，终于笑了，上帝说，这美好的宇宙应该有所主宰，否则有什么生机和活力呢？于是，老人家开始他最后的创造。

伊甸园里的快乐生活

上帝抬起他智慧的脑袋放眼望去，远处是湛蓝的海水，近处是碧绿的草地，鱼儿们在海洋中愉快地游戏，草地上奔跑着各种兽类，一群群鸟儿张开它们轻柔的翅膀飞翔在蓝天沃野，它们放开嘹亮而动人的歌喉，咏唱着欢乐的歌曲。上帝看到这里，觉得还缺少些什么。他想，这一切应该有一个主宰，那就是人。

只是在一刹那间，人便在上帝的头脑中形成了最后的形象，于是，上帝抓起一把地上的泥土，这泥土潮湿而黏稠，很适合上帝的大手。上帝依照他的设想，很快就捏出了最初的人，用我们今天的话说，那是一个男人，这男人有抵御一切外力的高大的体魄，有能够战胜一切的强健的筋骨。上帝朝人吹了一口气，人便在大地上奔跑起来。看着那人奔跑的优美身姿，上帝将他命名为亚当。

◇远古时代的老人

老人即指上帝，他正在丈量这个世界。“他的头发如纯净的羊毛，宝座乃火焰，其轮乃烈火。”(《但以理书》)

亚当累了，终于在黑夜到来之际睡了。看着这个他亲手缔造的人，上帝意识到，亚当是这样的孤独，应该为他造一个伴侣才好。趁着亚当熟睡之际，上帝从亚当的体中抽取一根柔软的肋骨，于是，用了不多久的时间，上帝用这根柔软的骨造成了又一个人。区别于亚当的是，这人有白皙的肌肤和娇柔的形体，上帝想也没想，就将她取名为夏娃。上帝牵着夏娃的手，将她一直带到亚当的面前。亚当从睡梦中醒来，忽然看到夏娃，竟然有着说不出的惊喜。亚当意识到：这个名叫夏娃的人，乃是我的骨中骨、肉中肉啊，从此以后，我将与这个人类的“生命之母”合为一体，从而创造出永远也叙述不尽的关于人的故事。

亚当和夏娃

亚当在希伯来语中是指“人”或“人类”，但两词的词源已不可考，较可靠的推测是，亚当原意是“微红色的”，夏娃则自“有生命者”演化而来。

亚当一刹那的念头正是上帝的旨意。上帝创造出亚当和夏娃，原就是为这繁茂的世界添加无穷的生机。上帝将亚当和夏娃带到另一处所在，上帝说，你们俩听着，这是我为你们创造的伊甸园，怎么样，喜欢这里吗？

亚当和夏娃举目向伊甸园的四周看了看，这是一座真正的乐园，这里清泉潺潺，百花盛开，大地上铺满金银、珍珠和红玛瑙，高大的树木上长满红红绿绿的果实。

亚当说，这是一座真正的乐园，感谢上帝。夏娃也说，是啊，上帝为我们创造了如此美妙的所在，愿上帝与我们同在。上帝说，那好，从此以后，你们就住在这里，住在这神奇的伊甸园里，修葺并看守这个乐园。亚当抬头看了看那颗红透了的果实，顺手就将它摘下来送进嘴里，他一边享受着甜美的感觉，一边将另一颗送给了夏娃。

上帝忽然说：“我必须告诉你们，园中各样树上的果子你们可以随意吃，只是那棵名叫善恶之树上的果子绝对不可吃。”

亚当不解地问道：“那是为什么呢？”

上帝说：“别问为什么，如果你们执意要吃，那便是你们死期的来临。”上帝说完，就神秘地消失了。

亚当拉起夏娃的手，明媚的阳光下，一对赤裸着的绝美形体踏过青青的草地，在鲜花和树林中嬉戏。他们忽而出现在大河之滨，忽而显身于高山之巅，忽而踏上碧波浪涛，忽而相拥着睡在温柔的鲜花丛里，在这座上帝为他们创造的伊甸园中，一对小人儿就这样愉快地生活着。

难敌蛊惑——始祖犯罪

亚当与夏娃在上帝为他们创造的伊甸园中生活了一日又一日，这里没有烦恼，

◇创世纪

上帝被一群天使簇拥着，亲切并有父性，公正而慈爱，伸着手指，准备唤醒亚当；亚当以他雄壮的男性美仰卧在新创造的世界上，夏娃从上帝的臂弯里探出头，睁大着眼睛似乎在捕捉着什么。

这里没有忧愁。永远不会枯竭的甘甜的大河可以满足他们饮水的需要，永远也采摘不尽的香甜的果实可以让他们永无饥饿。他们记住了上帝临走前的特别交代——不论什么树上的果实都可以采摘，唯独那棵叫作善恶之树上的果实万万不能采摘。虽然他们并不确知那所谓的善恶之果对于他们究竟意味着什么，但他们认为，上帝创造了自己，上帝说什么，都应该如实去做，否则，便是对上帝的背叛。

忽然有一天，一个人身的蛇游到熟睡的夏娃的面前，蛇冰冷的躯体触动着夏娃光洁的胳膊，夏娃醒了。

“你是谁？”夏娃睁大眼睛问道。

“呵，我是撒旦，上帝的天使。”蛇扭动着身子说。

夏娃看了看面前这丑陋的东西，立即警觉地坐了起来。

撒旦说：“你不用害怕，我不会害你。”

“你为什么是这种样子？”

“呵，你不喜欢我这样子吗？那我就换一种样子吧。”撒旦说着，摇身一变，于

是，夏娃面前的撒旦变成了人身长尾，且有一双能够飞翔的翅膀。虽然面前的撒旦如此美丽，但它那一双眼睛里却有着一种掩盖不住的歹毒的光。

夏娃收起了惧念，说："你为什么惊扰了我的好梦？"

"我观察你们好久了，我看见你们每天从这些树上采摘鲜嫩的果实，唯独不肯采摘那善恶之树上的果实，这是为什么呢？"蛇在夏娃面前直立着，像是一个巨大的问号。

夏娃打了一个哈欠说："是这样，上帝告诫过我们，可以采摘这伊甸园里的任何果实，唯独不能采摘那善恶之树上的果实。上帝说，如果执意要吃那善恶之树上的果实，便是我们死期的降临。"

顺便交代一下，传说撒旦最初是人身、长尾，而且还有一对漂亮的翅膀，它能在空中飞翔，能在大河中戏游，那时候，撒旦是一个美丽的公主，就像这园中所有善良而驯顺的动物一样。但是不知什么时候，恶念像不散的阴魂附着于撒旦，于是，只是在一夜之间，撒旦便成了一条恶毒的蛇。它整天用肚皮行走，用冰冷的语言传播着罪恶的信息。

"你们上当了，"蛇说，"上帝欺骗了你们，上帝知道，如果你们吃了那善恶之树上的果子，眼睛就亮了，智慧便增长了，那时候，你们便成为上帝了。你想，上帝能希望你们吃吗？"

夏娃看了看那棵善恶之树，那树上的果子鲜嫩光洁，悦人眼目。她想，这园中的果实的确是吃腻了啊，不知这善恶之树上的果实究竟如何。如果真如蛇所说，吃了这善恶之树上的果实，能和上帝一样充满智慧，那真是一件难以想象的事啊。

也就在这时，夏娃那原本纯洁的天平倾斜了，她终于伸手摘下那枚禁果，吃了下去，索性又摘了一颗送给刚刚醒来的亚当，于是，亚当同样偷吃了一枚禁果。奇迹发生了，像是有一股强劲的活力注入了混沌蒙昧的两颗童心。二人的精神世界顿时澄清了，明晰了，他们的眼睛明亮了。与此同时，他们看见了对方的羞处，一股红晕漫上双方的脸颊，他们不由自主地伸手摘下一片无花果叶遮住了各自的羞处。

也就在同时，上帝发现了他亲手缔造的两个小人儿第一次违背了自己的旨意，他们犯下了必须世代救赎的原罪。上帝叹了一口气说，人啊，你们注定将因这不可饶恕的原罪而犯下永远也洗刷不尽的罪恶，你们将为此而付出沉重的代价。

就在亚当和夏娃偷吃禁果的一刹那，天空出现寒流，大地刮起了秋风，鲜花开始凋谢，树叶开始飘零，世界开始颠倒，原本和谐的一切开始变得紊乱。人，也因此而失去了孩子般的天真烂漫，从此将经历人世间苦难，体会这世上的一切无常。蒙昧时代结束，智慧人生的开始，人们也许还不曾意识到，正是这叫智慧的东西，是人类一切苦难的发源地，它导致了人类的苦难，让人们从此陷入苦难的深渊而不能自拔。

仁慈的上帝来到他亲手缔造的伊甸园，老人家缓缓的脚步踏在园中的积叶上，发出沙沙的声响。亚当和夏娃远远地听见上帝的脚步声，于是，一对有着负罪感的小人儿开始躲避上帝眼睛的追寻。上帝呼喊着："亚当，为什么躲避我？夏娃，赶快回来！"

上帝悲切的呼喊惊醒了沉睡中的伊甸园，上帝的声音越过伊甸园的果树，传出很远很远。

◇**人类的堕落**

亚当羞涩地遮住身体的某个部位；夏娃摘下一只苹果正准备给亚当，而亚当不由自主地、顺从地举着手去接；变成人蛇的撒旦眼含渴望，这种表情激起亚当夏娃的同情，也是他们堕落的诱因。

"你们知罪了吗？"

上帝一边呼喊，一边流泪，这悲切的呼喊为人类的痛苦而悲哀，同时也充满了对人类觉醒的期待，上帝希望人们能从他的呼喊声中觉醒，从此意识到自己的罪恶。然而令上帝失望的是，无论是亚当还是夏娃，都没能从上帝悲切的呼喊声中警醒。相反，亚当把一切归咎于夏娃，夏娃则认为，如果不是那条叫撒旦的蛇，一切都不会是这样。于是，上帝更加失望，也更加忧伤。他知道，人类会在这痛苦的道路上越走越远，人类的痛苦也将无穷无尽。

上帝终于追上了亚当，亚当自知难逃其咎，于是对上帝说："其实我早就听到了您的呼喊，只是我赤身露体，真的不好见您。"

上帝说："请告诉我，是谁让你们不

听从我的劝告，偷吃了林中的禁果？”

亚当指着夏娃说：“您问她吧，问这个您所赐给我的女人吧，正是因为她把那树上的果子给我，我在什么也不知道的情况下就吃了。”

上帝把责备的眼光投向夏娃，夏娃躲闪着上帝的目光说：“您去问那条叫撒旦的蛇吧，正是它的引诱，使我误吃了那树上的禁果。”

上帝叹了一口气，他知道，人已经到了无法挽回的地步了，既然他们已经偷吃了禁果，具有了智慧，也因此而跌入痛苦的深渊，就只能让他们为此而付出代价，承担与智慧相称的责任。上帝将愤怒的目光投向那条制造了这一罪恶的撒旦，上帝说：“你这可咒诅的毒蛇，原来你就是这一切的罪魁祸首。从此以后，你必须用肚子行走，终生吃土。我还要叫你和夏娃彼此为仇，你的后裔和她的后裔也彼此为仇。她的后裔要伤你的头，你要伤他的脚跟。”上帝的话刚刚落音，撒旦便失去了翅膀和人身，变成了一根弯弯曲曲令人生厌的长虫。它失去了飞翔的能力，只能用肚子爬行，从此钻洞吃土。上帝接着开始责罚那率先堕落的女人夏娃道：“一切都是因为欲望啊！夏娃你听着，既然你因为欲望而偷吃了禁果，那就让你怀孕去吧，你自会尝到怀孕的痛苦，尝到生产儿女的痛苦。还有，我要让你失去自主，永远成为男人的附属。”

◇逐出伊甸园

家园和幸福忽然变成流浪和苦难，亚当将脸埋在痛苦的忏悔中，夏娃则用手护着胸部及私处，她无法忍受这可怕的暴露，她扬着脸、张着嘴，发出了原始的尖叫。

上帝不顾夏娃的哭泣，接着把责罚的目光转向亚当："我分明曾告诫过你们，让你们不要偷吃那善恶之树上的禁果，可你还是不听我的劝告，因而犯了不可饶恕的罪恶，你也一定难逃惩罚。这美丽的伊甸园从此将为你所关闭。今后，你必须辛勤劳作，用田间的谷麦蔬菜来养活你和你的家人。你将为此而累弯了腰，流尽了血汗，直到你生命终止的一天。你生于泥土，仍将归于泥土。"

人类啊，因为智慧而创造了所谓的文明，然而那所谓的人类文明却接连不断地毁灭着人类。为了获得那永远也无法满足的欲望，人类开始了对土地的掠夺：开垦荒地，砍伐树木，挖掘矿产，消灭异类。于是，那原本丰美的土地上长出了荆棘，那绿色的原野成为可怕的荒漠，明净的天空游移着乌烟瘴气，清澈的河流秽物漂流。欲望让人相互争夺，争夺又使人相互仇恨，战争、瘟疫、仇杀、竞争，人性受到腐蚀，世界变得狰狞。于是，世界向人类敲起了警钟。

从此，上帝失落了人；人也失落了上帝。

妒火中烧——该隐杀弟

失去了伊甸园，亚当、夏娃从此失去了欢乐。对于他们来说，失去的还不仅仅是这些，他们甚至也失去了生活的基本依靠。于是，在饥寒交迫中的亚当、夏娃不得不学习用四肢从土地中获取粮食和蔬菜，以满足自己的基本需要。他们刀耕火种，胼手胝足，自食其力，尽管辛苦，也乐在其中。他们知道，自己的生命是有限的，若干年后，他们会死去，他们生于土，也将归于土地。

偶然的一天，亚当和夏娃躺在了一起，于是，他们有了原始的冲动。两尊肉体合而为一，在一阵漠然的快感之后，夏娃怀孕了。不久，他们的长子该隐降生了。又过了不久，他们的第二个儿子亚伯也来到这个世上。该隐做了一名耕夫，亚伯则成了一个牧民。

秋天来到了，那是该隐收获的季节。因为他从小就知道，这世上的一切都是上帝用智慧的大手创造的，包括他们的父母。为了表达对上帝的感激之情，该隐将第一担谷物恭敬地敬献在上帝的面前。弟弟仿效哥哥，他拿出羊群中头生的羔羊和羊油献给上帝。上帝高兴地接受了亚伯的供品，却没有看见该隐的谷物。这原是一件很小的事情，但却像一星妒火，熊熊地在该隐内心燃烧起来。该隐的脸胀得通红，他大声地说，这是一个错误的世界，上帝也这样不公平。

上帝听到了该隐的呐喊，他问道："年轻人，为什么如此恼怒？"

该隐说："那得问您自己，我问您，您为什么只接受亚伯的贡献，却对我的谷物连看也不看？我以为上帝是公平的，原来我错了。"

"就为这件事吗？"上帝笑了笑说，"一个人应该常行善事，不要因为一丁点小事就恼怒生气，这样只会让恶念有了滋生的土壤。"

该隐听不进这些，他只是怒目圆睁，一种想发泄一通的欲望像火山喷发前一样在他的胸间鼓荡着。于是上帝又说："年轻人，罪孽已经像恶兽一样蹲伏在你的门前，它会让你做出傻事来的。年轻人，千万不要让它迷惑了你。"

上帝的话是有所指的，我们知道，万能的上帝是明智的。然而，该隐把上帝的告诫当成了耳边风。他觉得，在这个世界上，如果有了亚伯，就决不会有他该隐的天下，他必须除掉亚伯，否则，总有一天，他将失去这个世界。正如上帝所预言的那样，罪孽像猛兽一般正蹲伏在该隐的门前，它放出种种迷人的伎俩迷惑一个被恶念占去了的灵魂。没过多久，该隐借了一个机会把弟弟亚伯骗到了野外，然后在弟弟毫不知觉的情况下残忍地杀害了亚伯。

这一切都没有瞒过明智的上帝。有一天，上帝在一片树林里见到了该隐，上帝说："年轻人，你弟弟亚伯呢？"该隐答道："我怎么知道，我又不是他的守护神。"

上帝终于收起他慈祥的面容，大声地喝斥道："你因为嫉妒而杀了自己的亲弟弟，你以为人不知鬼不觉吗？要知道，太阳下一切罪恶都是难以掩盖的，亚伯的鲜血染红了这一片土地，空气中弥漫着血腥气味，你能瞒得过去吗？"

上帝的声音颤抖着，该隐在上帝的怒斥下瑟瑟发抖。他本能地向后退缩着，说："那么，

◇该隐杀弟

该隐的恶念迅速膨胀，他将亚伯骗到野外，在弟弟毫不知道的情况下杀害了他，揭开了人类相互残杀的序幕。

你要杀了我，为亚伯报仇吗？”

上帝扭过头去，用不屑的语调说：“我不会杀了你，也不会让别人杀了你。但是，你犯下如此罪恶，我必须惩罚你。”

该隐怀着一丝侥幸说：“我将受怎样的惩罚呢？”

上帝说：“你将受到永远的咒诅，你的灵魂将永久地在这大地上飘荡，我要让人们从你的罪恶中吸取教训，要让人们看到，一个罪恶的灵魂是怎样受着良心的煎熬。”上帝是这样想的，也是这样做的。他怕以后会有人真的杀掉该隐，于是便在该隐的身上做下记号：“杀该隐的，必遭报7倍。”

生命之舟——挪亚方舟

上帝创造了万物生灵，同时也创造了人类。由于亚当和夏娃的原罪，人类不得不在这土地上挥汗如雨地劳作，以满足衣食的基本需求。人类的眼睛盯着那片有限的土地，总是希望从中生出更多的粮食和布匹，生出更多的牛羊和鸡鸭，生出更多的女人和黄金。欲望在人们的头脑膨胀，为了获得更多的满足，人类开始了永无休止的厮杀、争斗、掠夺，人世间的暴力和罪恶简直到了无以复加的地步。看到这一切，仁慈的上帝开始后悔当初在一时的冲动之下就创造了人类。

当目睹了太多的罪恶之后，情绪激动的上帝真想用他那创造了这一切的大手再次一挥，所有的一切，包括人，包括飞禽走兽都从这大地上从此消灭，让世界再次回到造物之初的虚无和混沌之中。这个念头一经产生，仁慈的上帝忽然落下几滴悲伤的眼泪。

上帝在等待着，他等待着人类的忏悔和觉醒，他希望人类能冲出罪恶的泥

关于方舟的下落

有关方舟最后停靠在什么地方，有各种不同的说法，其中被提到过最多的，就是土耳其东部的亚拉腊山，但考古学家已经对这座山探测了多次，都找不到方舟的“芳踪”。近年来，有一种说法，认为方舟搁浅在亚拉腊山脉面向黑海的一个山坡上，而且很可能因为黑海水位暴涨而沉人黑海海底。这个说法引起了美国深海探险家罗伯特·巴拉德博士的高度兴趣，他曾于1985年在北大西洋3000多米的海面下找到“泰坦尼克号”，当听到这个大胆的推测后，决定亲自到黑海去探个究竟。按《圣经》所载，方舟是用“歌斐木”造的，假如方舟最后落到黑海海底，那么它可能完好如初。人们期待着巴拉德的探险能有惊人的发现。

淖，重新生活在伊甸园中。

上帝在寻找着，终于，上帝开心地笑了。

上帝认定，那个叫挪亚的人就是人类的拯救者。

◇挪亚方舟

挪亚在孤立无援的情况下造好了方舟，全家人搬了进去，各种飞禽走兽也一对对赶来，有条不紊地进入方舟。

我们现在来说说挪亚其人。虽然挪亚是无数人中的一个，但他却不像无数的人那样生活在罪恶之中。挪亚带着3个儿子，靠着勤劳和俭朴过着自得其乐的生活。他时常地教导儿子说，人，千万不可迷失根本，这根本就是善良和谦恭。看着那些在罪恶中轮回的乡亲们，挪亚的心中有着难以言及的疼痛。有时候，他会走出屋子，走到乡亲们中间，告诫他们说，人们，赶紧从罪恶中解脱出来吧！在一片欲望的争吵声中，挪亚的声音是如此弱小，小得激不起任何回音。即使有少数人听到了挪亚的呼喊，但他们全都不以为然，继续我行我素。

上帝终于痛下决心，要毁灭这罪恶的世界。有一天，上帝来到挪亚的家里，上帝说："这世界即将毁灭，但你们一家却有理由生存。"上帝选中了挪亚的一家：挪亚夫妇、3个儿子及其媳妇，上帝的旨意，是要让挪亚的一家作为新一代人类的种子保存下来。上帝告诉他们说，7天之后这世界将不复存在，你们，务必要造一只方舟，当灾难降临的时候，那方舟将载着你们一家，驶向一个生命的孤岛。

于是，挪亚的一家开始行动起来。他们不分昼夜地工作着，终于在第六天夜里造出一只偌大的方舟。那方舟长300英尺（1英尺合0.3048米），宽50英尺，高30英尺。方舟共分3层，舷板上留有透明的窗户，旁边开着供人进出的舱门。方舟造好后，挪亚又让儿子拿来松香，自己亲手在方舟内外认认真真地涂了3遍。现在，做好的方舟看起来真是漂亮而又结实，3层的方舟正合适挪亚一家三代人居住。

方舟造好的这天晚上，上帝降临到挪亚的门前，上帝说："明天，一场惨绝人寰的大洪水将吞没整个世界。一切生灵都将荡然无存。但是，你们一家却是例外。"

挪亚一家虔诚地听着上帝的陈词，唯有感激涕零。挪亚说："仁慈的上帝，您

◇挪亚方舟内部结构想象图

在挪亚方舟里，为世界上的每一个物种都留有空间。

这些物种将构成一个全新的世界，挪亚是第一个拯救人类及世界的人。

还需要我做些什么，请尽管吩咐。”

上帝说：“当洪水到来之际，你和你的一家，包括你的儿子和儿媳登上方舟，此外，你还要带7对洁净的牲畜、7对洁净的飞禽，还要带上一定的种子，以便将来繁衍生息。”

挪亚明白了上帝的旨意，于是，一切按上帝的旨意办了。

这一天是挪亚600岁的生日，也就是在这一天，大地震动，海洋喷涌，雷鸣电闪，暴雨倾盆，洪水开始泛滥，江河开始满溢。洪水漫过了陆地，漫过了山坡，漫过了森林，漫过了高山，涌上陆地，罪恶的人类终于意识到，报应到了。然而一切为时已晚，在一声声凄惨的哭叫声中，包括人类在内的一切生灵都被巨大的洪水吞没，唯有方舟上的生灵得以幸存。

苍天似乎被切开一道巨大的裂缝，无休止的雨水像倾倒了一只巨大的水盆。透过方舟的窗户向外望去，到处都是白茫茫的一片，没有了高山，没有了陆地，没有了森林，没有了那吵吵闹闹的人们。洪水一连泛滥了150天，上帝知道，一切都有结束的时候，这灭绝人类的大洪水也到了中止的时候了。于是，上帝让雨水停止了，洪水开始回落，然而因为洪水太大了，很久仍不见陆地。

方舟停搁在亚拉腊山上。又过了一些时日，透过雾岚，终于能够见到远处的山峰。于是，方舟上的人们开始欢呼：看啊，看见陆地了，看见陆地了。

这时，年迈的挪亚打开一扇窗户，放出一只乌鸦，但那乌鸦很快就飞回来了。他又放出一只鸽子，那鸽子也很快就飞回来了。挪亚知道，乌鸦和鸽子都因找不

◇洪水灭世

洪水一连泛滥了150天，淹死了方舟以外的一切活物，只有挪亚一家得以存活。

到落脚的陆地而飞回来了。方舟继续向那座隐约的山峰驶去，这样再过了7天，挪亚又把那只鸽子放出去。傍晚时分，鸽子回来了，鸽子的嘴里噙着根绿色的橄榄枝，挪亚知道，陆地已经不远。又过了7天，挪亚又把鸽子放出去，这回鸽子再也没有飞回来。挪亚知道，洪水已全部退去，鸽子寻到了它们自由落脚的地方。

挪亚感叹道，这和平的鸽子，这绿色的橄榄枝，后来的人们将永久地将这两样当作平安与和平的信物。

不知什么时候，方舟触到了陆地，挪亚的一家迅速地打开舱门，走出了方舟。于是，他们的双脚终于踏上了干爽的陆地，闻到了久违的土地的芳香。挪亚最后一个走出方舟，他把所带的牲畜全都放到陆地上。挪亚在住处附近筑了一座庄严的祭坛，将那洁净的牲畜飞鸟供奉在祭坛上，以感谢上帝的赐生之恩。

上帝在遥远的天国闻到供奉的芳香，他知道，挪亚的一家已经安全登陆，新的人类即将诞生。上帝感到一阵欣慰，一股清泪从上帝的脸上滚落下来。

挪亚已经老了，上帝把再造新的人类的希望寄托在挪亚的儿子们的身上。上帝说："孩子们，现在，你们是这世界的主宰。你们就健康地繁衍、延续你们的后代吧。世界将不会被毁灭，上帝与你们同在。"上帝说着，就用他那万能之手朝天空一挥，于是，天空出现7道美丽的彩虹。

挪亚虽然老了，但却依然健壮。他甚至还拿起了工具，干起了农活。他耕种土地，饲养牲畜，栽培葡萄，还学会了酿酒。有一回他喝酒喝多了，昏醉中他把自己身上的衣服都扒光，赤身裸体地在帐篷里睡着了。他的儿子含看见父亲赤身裸体地酣睡在帐篷中，就把这当作笑话告诉了他的两个兄弟闪和雅弗。闪和雅弗什么也没有说，为了不看见父亲赤裸的身子，倒退着走进父亲的帐篷，兄弟俩悄悄地将衣服盖在父亲的身上。

挪亚这一次醉得不轻，他一直睡到第二天中午，当醒后的挪亚知道了自己酒醉后的一切后，对闪和雅弗大加赞赏，而对嘲笑他赤身裸体的含却大为恼火。挪亚对含大发脾气，他诅咒含，说他的后代必将成为闪和雅弗的奴隶。

人类的遗憾——巴比伦塔

那场大洪水过后，世界再也没有大的变异。在这种太平盛世里，挪亚一直活到950岁方才无疾而终。

挪亚的后代按照上帝的旨意以几何率繁殖，人口的密集，使得居住的范围也越来越广。挪亚的后代们想，怎样才能使大家相互联络，不至于相互迷失呢？不知是谁想出了一个绝妙的主意，说我们可以建造一座很高的塔，虽然大家分布各地，但是，从很远的地方就能看见塔顶，以塔为中心，大家也就不至于找不着北了。

然而这并不是上帝的旨意。上帝认为，如果挪亚的子孙们居住得太集中，还会有什么事做不成呢？上帝接受亚当和夏娃的教训，他生怕人们再造出什么新的罪恶出来。

虽然如此，挪亚的子孙们还是按照他们的设想，开始了造塔的准备。

他们发明了制砖的方法，用泥作成方块，再用火烧透，他们就拿砖当石头，又拿石漆当灰泥，开始建造他们理想中的那座城，人们将它取名为巴比伦城。

巴比伦城的建成鼓舞了人们的士气，于是，他们又突发奇想，准备在此基础上建一座通天宝塔，人们说，顺着这座通天宝塔，大家可以一直爬到上帝居住的天国，好看看上帝究竟是什么模样。在大家的同心协力下，理想中的通天塔开始一步步变为现实。

◇巴比伦塔

远古时期人类的口音、语言都是一样的，人类可自由交流思想，共同合作。于是，人类认为自己无所不能，决定建造一座通天塔，通往上帝的天国，这惹恼了上帝，他变乱了人类的语言，令他们分散而居。巴比伦即为变乱的意思。

看着人类凭着自己的意志建起这样一座宏伟的塔，上帝越发忧心忡忡。上帝知道，只要大家集中于一处，说着同一种语言，子孙们在罪恶的道路上只会变本加厉。人类的灾难，也将无可遏止地发展下去。万能的上帝既有能力将亚当和夏娃赶出伊甸园，又用洪水制造一起灭绝人类的灾难，今天，上帝完全有能力用他有力的大手再一次制止人类在罪恶的道路上继续发展。

忽然在某一天里，分居于各地的人说起了不同的语言，渐渐的，人与人之间开始疏远，由于语言不通，人与人开始失去了信任，由于彼此猜疑，争吵斗殴也在所难免，这样的结果使得通天塔的修造也因此而停止了。

希伯来先驱

信仰之父亚伯拉罕

挪亚的后代他拉直到70岁才有了3个儿子，他们是哈兰、拿鹤和亚伯兰。长子哈兰很早就去世了，只留下一个儿子罗得，他成了没爹的孩子。所幸的是，罗得得到了叔父亚伯兰的喜爱，也就从亚伯兰叔父那里得到一些父爱。

他拉的小儿子亚伯兰成年后娶妻名叫撒兰。像他们的父亲一样，亚伯兰很久都没有儿子，虽然罗得就像他的儿子一样，但毕竟并非己出，因此，这也是很令亚伯兰头痛的事情。为了弥补人生的不足，亚伯兰经常向上帝祈求，希望上帝能赐给他们一个儿子。亚伯兰的诚心得到了灵验，一天夜里，上帝在亚伯兰的梦中告诉他说："你必须离开本地，离开父亲的家族，去一个遥远的地方另立家业。你照着我的话去做，就一定会有自己的孩子。"

亚伯兰对上帝梦中的指示深信不疑，于是，他决定离开世代祖居的地方，去一个遥远的地方开辟新的家业。亚伯兰并不知道自己要去往何方，但是，他觉得上帝一定会指示他前进的方向，在那个遥远的地方，一定会有他永久的幸福和理想。

亚伯兰不顾亲属们的反对，义无反顾地带着妻子撒兰以及他的牧人、仆人和一大群牛羊，浩浩荡荡地踏上了新的旅程。不用说，罗得也只得跟着他的亚伯兰叔父。

亚伯兰率领家人越过一座座高山，踏过一片片沙漠，接着又渡过了约旦河，就在他们筋疲力尽的时候，前方出现一片漫漫草原。这儿天高云淡，水草丰美，实在是一个天然的牧场，亚伯兰不再走了，他决定就在这里安家立业。这地方名叫迦南。

◇**去迦南的路上**
上帝召唤着亚伯拉罕，让他将所有的一切都留下，然后上路，亚伯拉罕满怀着信心与信任走向上帝特许之所。而他的妻子和仆人们则一脸疑虑和疲惫，他们担心那未知之地是否真的是流着奶和蜜的地方。

随着日子的一天天逝去，亚伯兰的家业也越来越大，他们的牛羊一天天增加，他们的麦子堆成了山，然而，亚伯兰还是没有自己的孩子。但亚伯兰并不灰心，他相信上帝一定会赐给他一个儿子的，也许就在明天，也许就在后天，也许就在他年老的时候。

这样的日子过了几年，就在亚伯兰踌躇满志，准备大干一场的时候，一场百年不遇的旱灾几乎毁掉了亚伯兰全部，牛羊死去了大半，地里正待收割的麦子也全都干死了。

亚伯兰终于对迦南地区失去了信心，他决定前往埃及，寻找属于自己的新的生活。

在埃及，亚伯兰经历了一系列事件，战争、瘟疫，侄子罗得险些死于非命，再接着是叔侄分家，亚伯兰自己也几乎九死一生，甚至他美貌的妻子撒兰也差一点被埃及法老强纳为妃，然而最终亚伯兰还是化险为夷。在经历了一番生与死的考验之后，传来迦南地区解除干旱的消息，于是，亚伯兰率领着他的家族队伍再次回到约旦河畔。

求子嗣——亚伯兰纳妾

在经历了那次百年不遇的大旱灾之后，迦南地区再也没有出现过大的灾害。亚伯兰终于后悔当初不该经不起那场灾害的冲击，轻易地离开这片水草肥美的好

地方，而去埃及闯荡。

现在，他终于又回到最初迁居的地方，面对着那一望无际的大草原，亚伯兰再次认为，这就是上帝为自己安排的好地方，他发誓，今后不论遇到什么情况，也绝不离开这片上帝为他选择的家园。

在风调雨顺的环境中，亚伯兰的家业得到迅速发展，很快成为这一带的部族首领。然而，在白天的轰轰烈烈之后，当夜色降临的时候，亚伯兰常常彻夜不眠。他独坐在帐篷外，在满天的星斗下对天长叹：可叹我家大业大，然而偌大的家产却后继无人啊！

上帝似乎总是在他失望的时候出现在他的面前，每当他对天长叹的时候，上帝总是安慰他说："亚怕兰，你不要灰心，也不要失望！上帝总会满足你的。"

亚伯兰说："感谢上帝赐给我如此之大的家业，不过，看来这偌大的家业也只能由我的仆人以利谢来继承了。我已经75岁了，我的妻子撒兰也已经年近70了，我们还会有自己的子嗣吗？"

上帝说："你会有自己的孩子的，我愿与你立约。你一定会有自己的骨血。"上帝说着，忽然指着亚伯兰头顶上的那一片苍穹说："亚伯兰，你看到了吗，你看到满天的星斗了吗？你告诉我，那些星星，你能数得过来吗？"

亚伯兰说："我无法数得过来，可是，这与我又有什么关系呢？"

"我要告诉你的就是，你的后裔将会多如繁星，你相信吗？"

亚伯兰说："无论发生什么事情，我对上帝从无半点怀疑，我相信上帝的承诺。"

当丈夫独坐在帐篷外与上帝对话的时候，年迈的妻子撒兰则在帐篷里暗自垂泪。她目睹丈夫因为没有后代而长吁短叹，丈夫那声声叹息似乎都像一把把利剑刺在她苍老的心房里。她决定为丈夫重新纳娶一位新妇，经过认真地物色和挑选，撒兰为丈夫选中的新妇便是使女夏甲。夏甲不仅有美丽的脸庞，而且还有健壮的身体，年轻的夏甲一定会为丈夫生下一打属于亚伯兰血统的儿子。

当撒兰将自己的想法告诉丈夫时，亚伯兰便愉快地答应了。

撒兰选择了一个日子，亲自安排了丈夫与夏甲的新婚大典，当天夜里，一对老夫少妻携手走进了新房。亚伯兰对夏甲的年轻和美貌喜不自胜，当天夜里，一对长着翅膀的天使飞到夏甲

亚伯兰与骨肉分离

亚伯兰的一生都面临着分离，这种分离似乎被称做解体更合适。第一次分离是他与罗得因为财产过多而不能同居，这是人类历史上第一次伟大的分家。

第二次分离则缘于女人之间的嫉妒：亚伯兰听从妻子撒兰的建议，将夏甲母子二人逐走。夏甲的儿子以实马利成为阿拉伯人的祖先。

的梦中，天使说：“你必须尊敬你的丈夫，你必须服从你的主母，要是这样，我会使你生出无数的孩子。我现在要告诉你，你的第一个孩子名叫以实马利。”

梦醒之后，依偎在亚伯兰的怀里，夏甲感到了人生的幸福。

一年之后，夏甲果然生了一个儿子，依照梦中天使的意思，他们把亚伯兰第一个儿子取名为以实马利。这一年亚伯兰 86 岁。

上帝的盟约——割礼

以实马利长到 13 岁时，作为父亲的亚伯兰已是一个 99 岁的耄耋老人了。这位 99 岁的老人在迦南地区有着绝对的威望，人们敬畏他就像敬畏自己的父亲，敬畏上帝的儿子。那时候，不管是家庭之间发生矛盾，或是部落之间的纠纷，人们都会不由自主地走到亚伯兰的帐篷前。在他们看来，从亚伯兰嘴里发出来的每一个单词都是真理，亚伯兰甚至成了真理的化身，成了人们心目中不可多得的首领。

一天，亚伯兰在梦中又见到上帝。上帝说：“亚伯兰，很高兴看到你现在正执行着上帝的使命，我现在让你把自己的属民结成一个统一的民族，信奉统一的宗教，你能做到吗？”上帝又说：“如果你能做到这些，我会从此让你子子孙孙多如繁星。”

听着上帝的话，亚伯兰感动得涕泗交流，他虔诚地俯伏在地，愿闻上帝进一步的指令。于是上帝又说：“以上是我与你立下的盟约，我让你子子孙孙多如繁星，同时我让你做多国之父，因此，你必须统领好你的属民，让他们在上帝的旨意下做一个诚实子民。从此以后，你不再叫亚伯兰，而是叫亚伯拉罕，一个多国之父的亚伯拉罕；我让你做人类的第一个君王，统领人类第一个国度。”

想想当初信奉多神教的父亲为儿子取名亚伯兰的时候，原就有“尊贵之父”的意思，想不到 99 年后，上帝真的让亚伯兰来做一个多国之父，从此统领一个庞大的民族。现在，上帝让他把亚伯兰这个名字改为亚伯拉罕，是要让与以往的多神教彻底决裂。

亚伯拉罕，即是多国之父。从今往后，原始部落多神教便发展成一个统一的犹太教，亚伯拉罕也就成为犹太

割礼

割礼是非洲等一些国家的一种习俗，起源于犹太教，距今已有 2000 多年的历史。实际上，割礼就是成年礼，即每一位年幼的犹太男子在出生 8 天后都要被仪式性地割除包皮，这是亚伯拉罕与神约定的标记和证据。

教“信仰的始祖”。

上帝接着又命令亚伯拉罕，必须对全体男教民尤其是孩子施行割礼，以此作为与神立约的标记和证据。

因为亚伯兰改名为亚伯拉罕，上帝又命令亚伯拉罕的妻子撒兰改名为撒拉，意即“多国之母”。上帝说：“我要赐福与她，将来，必有无数的君王从她而出。”

罗得一家逃出罪城

◇亚伯拉罕时代简图

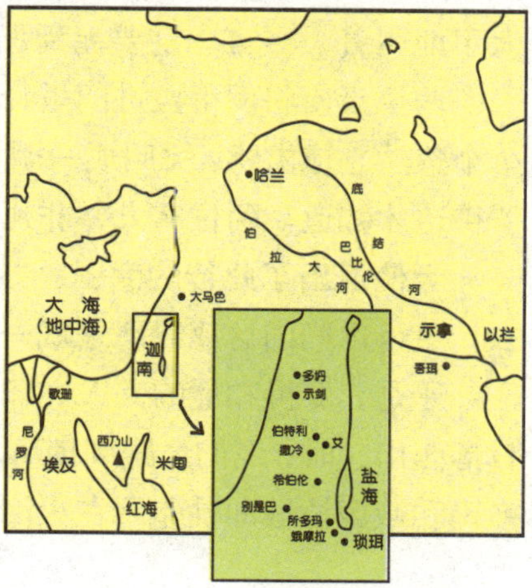

这是一个风和日暖的午后，年迈的亚伯拉罕正坐在帐篷前晒着太阳，打着小盹。对于亚伯拉罕来说，这的确是一件十分惬意的事情。

不知什么时候，上帝已来到他的面前。亚伯拉罕立即虔诚伏地，向上帝表达最诚挚的问候。

上帝沉吟片刻后终于说道：“我听说所多玛和蛾摩拉的罪恶甚重，我这就要前去查看一番，如果真如天使们所说，那里的罪恶到了无以复加的时候，我必要采取行动，毁灭这座罪恶的城池。”

亚伯拉罕听到这里大吃一惊，他问道：“虽然罪恶滔天，但善良总还是存在的，假若那城里有 50 个善良的人，你也要将他们连同这罪恶之城一同毁灭吗？”

上帝说：“如果果然有 50 个善良之人，我必饶恕全城的人。”

“如果有 45 个善良之人呢？”

“如果真有 45 个善良之人，也绝不毁灭那城。”

“如果只有 40 个呢？”

“为了这 40 个善良之人，也决不毁灭那城。”

“求主不要动怒，如果只有 20 个，只有 10 个，或更少的几个呢？”

上帝说：“善良的亚伯拉罕，如果这城里还有一个善良之人，我都会饶恕整个城池。”上帝说着，就前往那座罪恶之城去了。

又过了两年，上帝派他的两位天使前往那座罪恶之城。两位天使路过亚伯拉罕

◇罗得出逃

在逃跑的路上，罗得的妻子没有听从天使的告诫，忍不住回头去看，结果变成了一根盐柱，只有罗得和两个女儿幸免于难。

的侄子罗得的家里。就像他的叔父一样，罗得将两位天使请进了家门，热情地款待着他们。正在这时，一大批那座城里的男人向这边涌来，把罗得的家门围得水泄不通。这是一帮罪恶的人们，他们已经玩腻了所有的女人，因见两位天使生得眉清目秀，便生起淫恶的念头来，要鸡奸这两位天使化成的男人。

罗得将这些人拦在门外说："请大家一定要保护外来的客人，如果你们不嫌弃，我有两个女儿，容我领来与你们相见好吗？"那些人将罗得推到一旁，大声地叫着，声言一定要捉到那两个天使一般的美男人。

两位天使将罗得拉进门里，随手就关上了大门，于是，门外的那批恶男人一个个忽然心惊肉跳，哭叫成一团，就像是突然遭到雷劈一样，不一会儿全都散了。罗得这才知道，两位客人并非凡人。

天使说出了此行的意图："赶紧逃命去吧！千万不可回头看，一直往山上跑去，免得你们同这座罪恶之城一同被剿灭。"

于是，罗得和他的家人立即离开熟悉的家园，开始气喘吁吁逃命而去。直到日落西山之时，他们才跑到琐珥小城。回头看时，一道天火凌空而降，顷刻间，所多玛和蛾摩拉城即被笼罩在火海之中。

以撒出世，夏甲被逐

罪恶之城被毁之后，幸免于难的亚伯拉罕和他的一妻一妾居然变得更加年轻。也就是在天火降临的那天晚上，亚伯拉罕春心焕发，与他年迈的妻子撒拉在一阵欢娱之后，妻子撒拉竟然有了身孕。一年之后，亚伯拉罕的帐篷里突然一声婴儿嘹亮的啼哭划破黎明前的黑暗，给亚伯拉罕整个家族带来光明和福音。算起来亚伯拉罕此时已是100岁的老人，而妻子撒拉也已经90岁高龄了。他们给儿子取名以撒。以撒生下来的第八天，亚伯拉罕照着过去与上帝的盟约，给以撒行了割礼，作为遵守上帝律法的纪念。

为了庆祝以撒的诞生，亚伯拉罕摆出丰盛的筵席，部族的男人全都前来贺喜，喜宴一直吃了三天三夜。

随着以撒的降生，亚伯拉罕家族里的矛盾也日渐加剧。

当初夏甲为亚伯拉罕生下以实马利的时候，原为侍女的夏甲在亚伯拉罕家里的地位便突然大增，再加上亚伯拉罕对夏甲的宠爱，夏甲也就越发不把撒拉放在眼里。现在，撒拉也生下了以撒，夏甲刚刚得到的地位也就渐渐贬值了。于是，夏甲与撒拉之间的矛盾便日渐升温。

一天，夏甲的儿子以实马利在帐篷外与一群小孩子嬉戏打闹，正好撒拉路过此地。她看见夏甲的儿子在孩子群中颐指气使、不可一世的样子，忽然想到如果自己年老归西，将来自己的儿子以撒不是要吃大亏吗？趁着亚伯拉罕来帐篷看望以撒的时候，撒拉便说，你必须把夏甲和他的儿子赶出家门，否则，将来必没有我们的儿子以撒的好日子过。

对于撒拉的主意，亚伯拉罕实在不好反对，于是，可怜的夏甲和她的儿子以实马利就这样被逐出了家门。

夏甲默默地接受了命运对她的这一安排，她带着儿子，在漫漫旷野中开始了艰难的行走。一直走到天黑的时候，身上的干粮已所剩无几，而仅有的水也一滴未存了。面对无边的黑夜，母子俩不知何处才是归宿，夏甲想到前途未卜，不禁悲从中来，放声大哭。

夏甲母子的哭声传到了天国，仁慈的上帝受到感动，就派使者在空中呼叫夏甲说：“夏甲，上帝与你同在，请不要害怕。”

夏甲听到上帝的声音，停止了哭泣，这时，她听到上帝继续说道：“振作起来，带好你的儿子，他的后裔将成就一方大国。”

就在这时，夏甲在星光下看到离她不远处有一点光亮，那是一方水潭。她用手掬了一捧水喂了儿子，自己也喝了个饱。于是，母子俩沿着北斗七星，继续向前方赶路。

◇**夏甲被逐**

夏甲带着儿子离开深爱的丈夫和家乡，她们母子将过起四处颠沛的生活，这又是人类的罪恶——嫉妒造成的人间悲剧。

守盟约——献子为祭

老来得子，这对于老亚伯拉罕来说，无异是人生中最为开心的事情。在那段时间里，人们总是看到这样的奇景：或是在那条小河旁，或是在对面的山坡上，一个百岁的老人肩上扛着一个年幼的孩童，阳光下充满了这一老一小欢愉的笑声。在老亚伯拉罕看来，儿子以撒就是他生命的全部。他相信，有了这个儿子，他一生的努力都没有白费，他相信不久的将来，他的子孙会遍布整个世界。

上帝亲手缔造了人间的这一欢乐，上帝的心里自然有着无限的快慰。但是宽仁的上帝有一天忽然想考验亚伯拉罕对自己的忠诚，看他是否因为儿子就忘了上帝在心目中的存在。

在一天夜里，上帝来到老亚伯拉罕的梦中。上帝说："亚伯拉罕，现在你有了自己的骨血，那么，你是否还像从前一样，在任何时候都对上帝的旨意言听计从呢？"

老亚伯拉罕说："这世上的一切都是上帝赐予，包括亚伯拉罕和他的儿子以撒，即使上帝说要我献上我的儿子以撒，我也决不会有半点犹豫。"

上帝满意地笑了，于是上帝命令他带着心爱的以撒，前往摩利亚的山上，然后把他献给上帝。

老亚伯拉罕猛然从梦中醒来，但他相信，那绝对不是一个虚玄的幽梦，而是上帝对自己的指示。老亚伯拉罕连忙起床，他叫过儿子以撒，就像往常一样，将儿子架在肩上，就出门去了。

清晨的雾若隐若现，以撒还没有从梦中醒来，但他知道父亲要带着他出门游玩，孩子依然十分高兴。他缠着父亲说："父亲，今天你要把我带到哪儿去呢？"

老亚伯拉罕说："亲爱的儿子，今天我要带你去见上帝。"

孩子在父亲的肩上跳着说："呵，呵，今天要去见上帝了啊！"

老亚伯拉罕与儿子以撒就这样一直往前走着，一直走到第三天的下午，父子俩终于来到上帝所指引的摩利亚的一座山上。

老亚伯拉罕放下儿子，就开始建造祭坛，接着，他将拾来的柴禾堆在祭坛上。

儿子帮助父亲做着这一切，孩子显得特别兴奋。等一切准备就绪，以撒问道："父亲，我知道您要向上帝敬献牺牲，可是，哪儿有羔羊呢？"

父亲的心里一阵紧缩，但他还是镇定地回答说："不要着急，上帝自己会准备好一切的。”老亚伯拉罕抚摸着儿子金色的头发，看着儿子可爱的脸蛋在阳光下闪着明亮的光彩，心里禁不住一阵隐痛，然而，他丝毫也没有因此而放弃对上帝的承诺，于是，他忽然动手，将儿子以撒捆绑起来，放到那座他与儿子共同堆成的祭坛上。

儿子一开始以为父亲是在同他开玩笑，但看到父亲严峻的面容以及父亲用颤抖的手拿起刀子时，以撒吓得大哭起来。

直到这时，老亚伯拉罕才将上帝的旨意说了出来，老亚伯拉罕说：“亲爱的儿子，我们都是上帝的羔羊，上帝不论在什么时候召唤我们，我们都应该义无反顾。儿子，去吧，你会得到上帝的爱抚的。”

◇**亚伯拉罕献以撒**
亚伯拉罕遵守诺言，将心爱的儿子以撒放在祭坛上献给上帝，表现了他对上帝的信仰和顺从，所以他被称为“信仰之父”。

以撒不管这些，他加倍地放声大哭起来，他希望能有人从这儿经过，他希望能有人前来将他从父亲的刀下拯救出来。

以撒的哭声终于传到上帝那儿，受到感动的上帝立即派他的使者降临在老亚伯拉罕父子面前。于是，老亚伯拉罕听到上帝慈爱的声音：“亚伯拉罕！亚伯拉罕……”

亚伯拉罕举刀的手在空中停住了，他丢下刀子，伏身倒地：“万能的主啊，我在这里，有什么吩咐吗？”

上帝的使者说：“千万不可伤害这孩子。上帝已经从你的行为中看出你对他的忠诚，这已经够了。快带着以撒回家去吧。”

老亚伯拉罕这才知道，他的诚心已经得到上帝的嘉许，他再次对上帝的仁慈感激涕零，于是，他放下儿子，在儿子的脸上没命地狂吻着。

以撒说：“父亲，放下我，你拿什么敬献上帝呢？”

就在这时，像是上帝的亲手安排，从不远处传来一阵羊的叫声，一只迷途的羔羊不知何时正陷在树下的深洞里。于是，老亚伯拉罕将那只羊杀了，以它作为敬献上帝的供品。

老亚伯拉罕做完了这一切，就再次将儿子架在肩上，父子俩踏着晚霞，愉快地走在回家的路上。

以撒娶妻——天造地合

不久，亚伯拉罕年迈的妻子撒拉一病不起，终于离他而去。妻子死后，亚怕拉罕显得越加老迈，现在，他唯一的亲人就是他与撒拉的儿子以撒了。以撒业已长成一个英俊而勇敢的少年，很快又到了谈论婚娶的时候。亚伯拉罕觉得，作为父亲，他应该在自己的有生之年为以撒择取一位完美的妻子，并帮助他们完成新婚大典。亚伯拉罕不想让儿子娶迦南地区的姑娘为妻，在他的理想中，自己的儿媳应该是一位有着本族血统的女人，因为只有这样，才能保证亚伯拉罕家族血统的纯洁。

由此，年迈的亚伯拉罕突生出一股思乡之情，他想到远在故地的兄弟拿鹤，不知他们的现状如何，只听说他已育有很多儿女，这些儿女大都已成家立业。那么，拿鹤的家族中会有一个适合做自己儿媳的姑娘吗？

亚伯拉罕叫来自己最忠实的仆人，将儿子的婚事托付于这位仆人。亚伯拉罕并且让仆人以上帝耶和华的名义起誓，要他一定为以撒寻找一位本族血统的姑娘。于是仆人将手放在大腿底下，按照亚伯拉罕的意思庄重起誓：我一定要为主人的儿子寻找一位本族的姑娘，这姑娘一定要有着本族的血统，否则，便视为对主人的不忠。

仆人起誓完毕，就带着骆驼、马匹和金器手镯等出发了。经过无数日的长途跋涉，仆人终于达到亚伯拉罕的故乡哈兰。仆人走到一个村庄前，已经口干舌燥，于是向上帝祈求说：“请上帝作证，如果这时候有一个姑娘走出村子，并应我的请求，为我送上一瓶清洁的井水，那姑娘就是我要为主人的儿子所寻找的妻子。”

仆人的祈祷刚刚结束，就从村路上走来一个年轻的姑娘。这姑娘披着白色的纱巾，穿着拖地的长裙，肩上扛着一瓶洁净的井水。姑娘不仅美丽端庄，并且有着大家的贤淑和风范。于是，仆人走上前去向姑娘施礼说：“姑娘，远途的客人实在是走得太累了，你能将瓶中的水送给我喝吗？”

姑娘微笑着，立即将肩上的水送到仆人的面前。一直等仆人喝完了水，姑娘又说：“您的骆驼也一定累了，让我再为它打一桶井水去吧。”

等到姑娘打来第二桶井水，仆人便说：“你真是一个善良的姑娘，我这里有一些东西，就送给你作为见面的礼物吧。”说着，仆人将随身带来的金镯和戒指送到姑娘的手里。姑娘推辞道：“呵，这可不行，我怎么能私自接受陌生人的礼物呢？”

仆人说：“姑娘，请你先收下这些礼物，然后您能带我去见你的父亲吗？”

姑娘只得收下这贵重的礼物，并且说：“我是密迦与拿鹤的女儿利百加，请随我进村去吧。”

直到这时，仆人才真正意识到上帝的万能，原来这一切，都是上帝的亲自安排啊，眼前的姑娘果然就是拿鹤的女儿，一个有着亚伯拉罕家族血统的姑娘。

在拿鹤的家里，亚伯拉罕的仆人受到最恭敬的接待，于是，仆人便将自己如何受着主人亚伯拉罕的指派，如何以上帝的名义起誓，一定要为主人的儿子以撒找到一位有着本族血统的姑娘为妻，路过村口，又如何向上帝祈祷，如果这时候有一位姑娘能为自己送上一瓶洁净的井水，那姑娘就是以撒未来的妻子的过程原原本本地说了出来。

◇向利百加求亲

上帝安排了这一美满的姻缘，利百加是一个美丽而善良的姑娘，面对仆人手里的礼物，毫不心动，表现了她心灵的纯洁。

至此，拿鹤家族的人才知道，原来是亚伯拉罕派人求亲来了。这原是一桩天造地合的婚姻，难道还会有什么疑问吗？

第二天，仆人带着姑娘启程往迦南而去，又经过无数日长途的颠簸，仆人带着姑娘回到了亚伯拉罕的身边。远远的，年轻的以撒望眼欲穿地站在门前的那面土坡上，正焦急地等待着理想中恋人的到来。当远远地见到仆人带来的姑娘有着天仙一般的容貌时，以撒顿时心花怒放。与此同时，拿鹤的女儿利百加也看到对面山坡上的英俊的少年，她悄声问仆人：“对面的人是谁呀？”

仆人笑着告诉他说：“那就是我们的以撒公子，你英俊的未婚夫啊。”利百加下了骆驼，按着未婚妻的规矩，用斗篷遮住脸，向自己未来的丈夫恭顺地施礼问安。以撒乐得说不出话来，他一把拉过利百加的手，将她径直领进故母撒拉的帐篷中，表明今后他的妻子将是这一族的主母。

他们很快就举行了婚礼，一对少男少女开始了他们甜蜜的婚姻生活。

亚伯拉罕之死

为独生子以撒娶亲，是亚伯拉罕晚年所做的最大的一件事，至此，亚伯拉罕

开始过着称心如意的晚年生活。

以撒与利百加恩爱如初，小夫妻过着幸福的生活，这一切都是亚伯拉罕所愿意看到的，亚伯拉罕也越发地觉得，自己不仅没有衰老，反而显得更年轻了。就在他140岁那一年，鳏居的亚伯拉罕再次结婚，他娶了一个叫基土拉的女子为妻。他们一气又生下6个孩子。这6个孩子又给他生了众多的孙子孙女。亚伯拉罕更加感激上帝对自己的承诺，他的子孙果然就像天上的繁星一般了啊。

按照希伯来人的传统，亚伯拉罕立长子以撒为他事业的继承人，并且将大部分财产都遗留于他。当然，亚伯拉罕也给他庶出的众子遗留了本属于他们的财物，但是，他还是打发这些庶出的儿子们朝迦南以东的方向去发展自己的事业。庶出的儿子们也乐意前往那里，因为那里有大片未经开垦的处女地，常年有丰沛的水草，他们在那里也的确可以发展自己的事业。

做完了这一切，亚伯拉罕便开始像一切老人一样，静静地等候着上帝的召唤，等待着自己的死期。

就是这样，亚伯拉罕在这个人世上度过了自己漫长的人生之旅，常常是在清晨或是傍晚，亚伯拉罕会默默地坐在帐篷前的草地上回忆着他一生中所经历的事情。这一年亚伯拉罕175岁，清晨起来，他像往常一样坐在帐篷前怀想着自己绵长的人生，忽然，他听到上帝的声音，上帝说："亚伯拉罕，你的世寿将尽，可以回到天国来了。"

亚伯拉罕连忙叫来了儿子以撒，郑重地向他交代说："上帝将召我而去，快安排我的后事吧。"

儿子以撒知道，父亲这一次真的要离开自己了，以撒哭泣着说："父亲，你还有什么嘱咐吗？"

亚伯拉罕想了想说："如果有可能，请将夏甲的儿子，也是你的兄长以实马利叫来吧，我想见见他。"

以撒立即照办了。不多久，仆人们便把夏甲的儿子以实马利召来了，至此，这一对父子才得以见面。见到以实马利，亚伯拉罕父性大发，当即做出指示，将家里的财产划出一份给了以实马利。当所有的儿子聚集到亚伯拉罕面前的时候，亚伯拉罕终于说："现在，我什么遗憾也没有了，我可以去见上帝了。"说完，就合上了双眼，无疾而终。

雅各的故事

孪生兄弟以扫与雅各

亚伯拉罕家族有世代相传的奇特因缘，就是不论祖父还是孙子，当他们结婚后，都注定要经过长长的等待子嗣的困苦时期。以撒和利百加也不能例外。

以撒与利百加夫妇恩爱，情意缠绵，但却像他的父辈一样，经受着婚后很久没有子嗣的煎熬，一直等到婚后的第19年，在向上帝的一遍遍祷告之后，利百加终于怀孕了。

随着日子的临近，利百加的身子越加沉重，人们都说，利百加怀的一定是两个孩子，要不然，她怎么会有那么浑圆的肚皮呢？

利百加也有这样的感觉，于是，她把这感觉告诉了丈夫。但她同时也告诉丈夫说，两个小家伙很不团结，他们经常在母亲的肚子里打架，相互争斗，争抢着母亲不多的养分。事实证明，利百加的感觉并非妄言，随着生产日期的临近，利百加也日渐感受到两个孩子的争斗所给她带来的痛苦。于是，她不得不每天向上帝祷告，希望上帝能垂怜于她，让她的孩子停止争斗，以免给母亲带来更多的痛苦。

◇孪生兄弟

上帝告诉她说："这不是两个孩子之争，而是两国之争。这是没有办法的事，这就是人类的本能。我还要告诉你，将来这两个部族的争斗还要激烈，而大的也必将服从于小的。"利百加只好认了。

到了生产的那一天，随着阵阵婴儿的啼哭，利百加果然相继生下两个儿子。哥哥身体发红，浑身长满了厚厚的绒毛，如同穿了裘皮大衣，以撒就给他起名叫做以扫。以扫就是"有毛"的意思。紧接着弟弟来到世上，弟弟的两只小手紧紧地抓住哥哥的脚跟，接生婆费了很大劲，才将他的小手从哥哥的脚上分开，以撒于是给小儿子取名雅各。雅各就是"抓住"的意思。初做人父的以撒这一年正好60岁。

奇怪的是，以扫与雅各不同于任何孪生兄弟，他们无论从外貌到性格都绝不像是一同来到世上的同胞兄弟。以扫长得矮而粗壮，他膀大腰圆，身上长满了金黄色的毛，就像他的外貌一样，以扫生性好斗，动不动就大为光火，而发起火来更让人感到这个孩子就像是一尊凶神。因此，家里的仆人都对他惧怕十分。以扫最感兴趣的事情便是带着弓箭整天在外打猎，他凶残的本性决定了他每次的猎获都十分丰富。以扫不修边幅，一年里难得洗一次澡，衣服更是难得换上一次，他的身上总是散发出一股野兽般的气味。

雅各则完全是另外一种人。他身材修长，文质彬彬，性格内向，不善言语。他不太爱出门，一般的情况下，他就守在自家的屋里，帮助母亲管理家务。

以扫常拿弟弟的性格作为嘲笑的内容，以扫说，雅各哪像一个男人啊，他简直就是一个没有出息的姑娘。对此，雅各并不在意，他只是露出白白的牙齿莞尔一笑，好像说，我心里究竟想着什么，你们怎么知道呢？

这样的孪生兄弟各得父母的宠爱，一般说来，父亲更喜欢哥哥，而母亲则更偏爱弟弟。

以智取胜——弟夺兄权

以撒老了，老得连眼睛都睁不开了，他决定趁自己行将就木之时，将长子的名分和家族的继承者交代清楚。

这一天，以撒把大儿子以扫叫到身边说："以扫，带上你的弓箭，到野外去打点猎物来，做一道美味送给我吧。我要在临死之前给你祝福。"

以扫知道，盼望已久的日子就要来了，于是便立即带上弓箭飞马去了野外。一

◇以撒祝福雅各

雅各在以撒神智不清时，骗取了以撒的祝福和多国领主的位置。画面中最有意思的是四双眼睛各有含义：以撒的眼神浑浊、朦胧；利百加的眼神释然而心满意足；雅各的眼神期盼、急切；只有小狗的眼神是明澈的，但它并不知道发生了什么。

直对小儿子雅各偏心的利百加想，家族的继承权怎么能被四肢发达、头脑简单的大儿子以扫继承呢？虽然他是长子，但对于一个家族的领导者来说，没有精细的头脑和运筹帷幄的能力，是很难把以撒庞大的家族维持下去的。

利百加将她的小儿子雅各秘密地叫到身边说："你父亲即将给你哥哥祝福，关键的时刻到了。你赶紧牵两只肥羊来，按照你父亲平常的喜好，做两样最好的菜送给父亲。"

雅各急了，说："毕竟我和哥哥不一样啊，父亲很快就会分辨出来的。"

利百加说："你只须穿上你哥哥的衣服，你父亲只要闻到了以扫衣服上那股牛羊的气味，就一定会把你当作以扫了。"

按照母亲的安排，雅各精心地为父亲做了两样最拿手的菜，然后穿上哥哥的衣服走进了父亲的帐篷。

"你是谁？"听到脚步声，以撒问道。

"父亲，我是您的大儿子以扫啊。您不是让我打点野物，为您做一道最拿手的好菜，然后为我祝福吗？”雅各说。

以撒向雅各招招手说：“来，走到我身边来。”

于是雅各向父亲走去，父亲首先闻到了大儿子以扫身上的那股特有的牛羊的气味，接着又摸到了以扫的衣服，于是，年迈的父亲郑重地向雅各祝福道：“愿上帝赐你天上的甘露和地上的良田，愿你成为多国的领主，无数的臣民跪拜于你的面前请求你的赐福，愿你继承以撒家族的祖业，从此成为一家之主。”

以撒为雅各祝福的消息像风一样传遍了整个家族，也就在那一刻，雅各便有了长子的地位，同时也成了以撒家族当然的具有“法律”地位的继承人。

这时，以扫正扛着猎物回来，当他听到人们的传言之后，立即一步跨进了父亲的帐篷，以扫说：“尊敬的父亲，我为您打来最好的野羊，正准备为您做最好的美味。您一切很好吗？”

老以撒不禁一震，问道：“你是谁？”

“我是你的长子以扫呀。”以扫回答说。

以撒终于知道，自己被雅各骗了，然而在这一刹那，老以撒忽然明白，也许这一切都是上帝的安排，眼前这个四肢发达、头脑简单的儿子如果掌握了家族的领导大权，他能够领导好这样一个大家族吗？

以撒说：“以扫，你来迟了，我已经为你弟弟祝福过了，我已让他成为家族的主人。”

以扫知道大势已去，他跪倒在父亲的膝前，痛哭着说：“父亲，你难道不能重新再为您的长子祝福吗？”

以撒摸着这个只会打猎，却不会动脑筋的长子的头，于是，他说道：“地上的良田必为你所有，天上的甘露必为你所得。你必倚靠刀剑度日，又必侍奉你的兄弟，到你强盛的时候，才能从你的兄弟身边走开，去过一种独立的生活。”

以扫知道一切都无可挽回，只好悻悻地从父亲的帐篷里走了出来。从此以后，以扫对弟弟恨之入骨。他想，总有一天，要杀了这个诡计多端的雅各，报此一箭之仇。

给舅舅做工——雅各娶姐妹俩

以扫要杀弟弟雅各的动机刚刚生出，就立即被母亲利百加看出来了。她知道，野蛮的以扫既然生出杀人的动机，就一定会把这动机付于实践。为了雅各的安全，她与丈夫商量，决定让雅各暂时避一避风头，等以扫的脾气劲下去之后，再让雅各回来。

老以撒把雅各叫到面前说："雅各啊，你已到了婚娶的年龄，我早想让你娶一位有着本族血统的姑娘为妻，现在，你就前往哈兰地区，找你的舅舅拉班去吧。"

雅各当然明白父母的用意，同时他也听说舅舅的小女儿拉结是一位有着天仙一般容貌的姑娘，于是便辞别父母，前往哈兰。

经过一个多月的长途跋涉，雅各终于来到舅舅的村庄。远远地，他看到有一位披着纱巾的姑娘楚楚动人地向这边走来，于是便向前施礼道："请问姑娘，你认识一个叫拉班的人吗？"

向雅各走来的姑娘正是拉班舅舅的小女儿拉结，当听说来客问到父亲的名字时，拉结惊讶地问道："我曾听说以撒姑父家的小儿子雅各用智慧夺得了长子的权力，我还听说他是一位英俊而潇洒的青年，莫不就是你吗？"

◇**雅各在舅舅家做工**

雅各与小表妹拉结一见倾心，但雅各第一次结婚却误入舅舅的骗局，娶了大表妹利亚，与拉结的长相厮守要用7年的劳工换取。但他的心早已完全给了拉结，他们之间互望的眼神是如此熟悉而默契。

雅各惊喜地说："难道你就是拉结表妹吗？"

两个年轻人彼此一见顿时萌生了爱情，于是，拉结将表哥雅各带到家里。等到见过拉班，雅各便把这些日来家族中发生的变故悉数告诉了舅舅。当说到哥哥因为失去长子的名分而意欲杀他时，雅各流出委屈的眼泪。

拉班舅舅安慰他说："不要伤心，年轻人，这儿同样也是你的家，什么时候那边太平了，你再回去吧。"

雅各接着把父亲让他前来求婚的愿望说了出来。拉班说："我有两个女儿，你看中了哪一个，就向我直说吧。"

雅各便赶紧说："我只爱小表妹拉结，如果舅舅能成全于我，我愿在舅舅家做7年劳工。"

拉班爽快地答应了，拉班看中的是雅各的勤劳和能干，他觉得，7年的时间并不很短，在这7年里，他等于找了一个无须花钱的长工。

7年的时间很快就过去了，早已等不及的雅各终于向舅舅提出，他和表妹的恋情已经像五月的麦穗一样沉甸甸了，希望舅舅能让他与表妹早日结婚。

选择了一个良辰吉日，拉班为雅各张罗起了婚礼。婚礼办得十分热闹，兴奋的雅各被闹洞房的人灌得酩酊大醉，糊里糊涂地被人架着送进了洞房。然而，等到第二天酒醒之后他才发觉，与他圆房的并不是他深爱着的小表妹拉结，而是相貌平常的大表妹利亚。

雅各气愤地去找舅舅论理，而舅舅却说："按照我们这儿的风俗，大女儿没有出嫁，小女儿又怎么能出嫁呢？如果你愿意再娶拉结，你必须再在我这里劳作7年。"

雅各说："你必须先让我与小表妹结婚，我才能答应再为你劳作7年。"就这样，拉班舅舅不得不再把自己的小女儿拉结许给了雅各。这天晚上，雅各再也不敢多喝一口酒，当他第二次走进洞房的时候，果然看到那坐在灯下的正是他为之神魂颠倒的小表妹拉结。于是，7天之内，雅各一共娶了两位妻子，而拉班的两个女儿利亚和拉结也就共同拥有了一个丈夫。按照事先的承诺，雅各又为舅舅做了7年的劳工。

携妻带子回迦南

按照事先的承诺，雅各在拉班的家里又继续劳作了7年。在这7年的时间里，拉班的两个女儿利亚与拉结展开了一场生子大战。虽然雅各并不中意利亚，

◇**雅各离去**

因躲避以扫的报复，雅各一直过着逃亡的生活，但是因祸得福，走的时候是一个人，20多年后，返回家乡的是一个家族。偷偷走掉的雅各如惊弓之鸟，对尾随追来的舅舅心存忌惧，当知道拉班并非来问罪的时，雅各羞愧难当。

但上帝却让利亚一连生了两个儿子。拉结是雅各最爱恋的妻子，但她却始终不见怀孕的迹象。为了求得心理上的平衡，拉结将自己的侍女送给雅各为妾，侍女终于以拉结的名义为雅各生了两个儿子。利亚觉得这不公平，于是也将自己的侍女送给雅各为妾，于是，利亚的侍女也为雅各生了两个儿子。就这样，7年的时间里，雅各一共得了12位子女，他也成了一个多子的父亲。

7年的时间终于过去了，雅各向舅舅提出允许带着自己的妻妾和子女回到迦南地区去的要求，然而舅舅拉班并不愿意雅各离开自己，他清楚地知道，14年前他的家里是怎样的家产，现在又是怎样的家产，这一切，全是雅各的功劳啊。

拉班说："你还是别走吧，从现在起，你再也不是无偿的劳作，至于工价，完全由你来定好吗？"

雅各觉得，如果就这样回去，难免不被别人笑话，如果能带回一大笔财产回去，那情形就是两样的了。于是他说："从现在起，凡是身上带黑白斑点的牛羊，全都归我好吗？"

拉班觉得这个女婿真是傻啊，要么是白羊，要么是黑羊，世上哪来什么黑白斑点的牛羊呢？于是就答应了雅各。然而拉班并不知道，雅各早就开始了牛羊的杂交配种试验，他将白羊与黑羊进行杂交，生下来的就一定是带黑白斑点的牛羊，

雅各的牛羊繁殖原则

雅各在羊群肥壮的交配时期拿杨树、杏树、枫树的嫩枝，将皮剥成白条纹，插在饮羊的水沟和水槽里，羊来喝水时对着树枝交配，就生出有斑纹的肥壮羊羔来；到羊群瘦弱的交配时期，雅各不插树枝，生下的白色羊羔就越来越瘦弱，这样下去，黑白斑的羊群逐渐壮大。

他的试验不久即将获得成功，随着时间的推移，那种带斑点的牛羊必将呈几何率上升。

果然，几年以后，雅各的财产越来越多，而拉班的财产却越来越少。拉班的儿子们看不过去了，纷纷传出话来，说雅各侵吞了父亲的财产，雅各是一个不义之人。几个儿子暗中商议着，准备要好好教训一番雅各。

雅各知道，现在是必须离开哈兰，回到迦南地区的时候了。

在一个剪羊毛的季节，趁着拉班全家去野外剪羊毛的机会，雅各在半夜里带着妻妾和牛羊悄悄地离开了哈兰，踏上了前往迦南的路途。这实在是一次艰难的旅行，人与畜组成一支浩浩荡荡的队伍，在他们的身后，卷起一阵黄黄的烟尘。

拉班得知雅各悄悄离去，便带着一支人马，火速地追赶上来。拉班一直追了七天七夜，仍然不见雅各的影子。就在这天夜里，上帝出现在拉班的梦中，上帝说，你不要加害雅各，雅各是无辜的。

第二天，拉班继续追赶雅各，终于在伯拉大河畔赶上了雅各的队伍。雅各以为岳父一定是前来兴师问罪的，于是便也做好了应对的准备。然而拉班却说："你既要离开我，也该事先打一声招呼，难道我连与自己的女儿和外孙吻别的权利都没有吗？"拉班说着，就呜呜咽咽地哭了起来。至此，雅各才知道岳父前来并无恶意，于是便向岳父忏悔不辞而别的用意。

拉班说："从此你须善待我的女儿，你不能在她们之外再娶另外的女人。你能做到吗？从此你须爱护我的外孙们，你不能打骂他们。你能做到吗？"

雅各从地上捡起一块块石头，将它们堆成一根高高的神柱，对着神柱庄重地说："我现在以石为证，从今以后，我一定善待我的妻子，决不在她们之外另娶别的女人，我决不打骂我的儿女们，我会把他们教育成人，让他们成为亚伯拉罕最优秀的子孙。"

拉班流着眼泪与女儿和外孙们吻别，然后与雅各向不同的方向而去。

雅各更名以色列

雅各回到了迦南地区。虽然是荣归故里，但雅各的心里一点也不轻松，现在，他所有的心思就是将怎样面对曾经被他欺骗了的哥哥以扫。而当雅各听说以扫现正在死海边的西珥平原（又称以东地）占山为王，成为那里的一名统治者时，雅各更加害怕。

雅各开始做着两手准备，他一面将自己的人马以及牛羊等分成两队，以便当以扫的人马前来报复时，保存实力，一边准备了丰厚的礼物，派人前往西珥平原，去与哥哥握手言和。

当天夜里，雅各在一种似梦非梦的境地中忽然见到一个力大无穷的神。那个神扑上来就与雅各摔跤。雅各明知自己不是神的对手，但也只得以死相拼。雅各与神一直搏斗到天明时分，结果却不分胜负。

神说："天亮了，让我们各奔东西吧。"

雅各说："不行，你必须给我祝福，否则我就不让你走。"

神问："好的，我为你祝福，你叫什么？"

雅各说："我叫雅各。"

神说："从今以后，你就叫以色列吧，因为你已与神搏斗过了，神没有战胜你。"

雅各说："请问神，您叫什么呢？"

神说："不要问我的名字，我就是主宰你一切的那个神。"

直到这时雅各才知道，与自己搏斗了一个晚上的原来就是上帝耶和华。上帝耶和华是为了给他以信

◇雅各与神搏斗

神要求雅各改名为以色列，意为强者。雅各的后裔称为以色列人，而迦南人仍称他们为"希伯来人"，意为从幼发拉底河彼岸来的人。

心才采取这样的方式的。但是，上帝在离开雅各时，还是在雅各的大腿处摸了一把，于是，雅各的腿就扭了。雅各也终于知道，在这个世上，其实没有人能战胜上帝。

从此雅各改名以色列。雅各的12个儿子以及他们的后裔便成为以色列的12支派别。因此希伯来人又称为以色列人。

雅各向以扫谢罪

雅各率领家族成员渡过了约旦河，远远就看见一支人马向这边奔来。因为受到上帝的祝福，此刻的雅各并不惊慌。

以扫在离弟弟10丈远的地方停住了，他似乎要看看这20年来雅各到底发生了怎样的变化，与此同时，雅各也远远地打量着曾经被自己欺骗过的哥哥以扫。他看见以扫苍老了，虽然以扫的脸上仍然存留着一股野兽般的气息，而那种永远也不能被岁月洗去的手足之情却溢于言表。雅各翻身下马，一连7次俯伏在地，向哥哥叩头请罪。以扫也大度地走了过来，于是，20年来兄弟俩第一次相见，二人相视良久，热烈相吻，抱头痛哭。

以扫看了看雅各身后的女人和孩子问道："他们都是你的仆人吗？"

雅各说："不，应该说，他们都是哥哥您的仆人，连雅各也是。"他回身招手，让妻妾和儿女们前来与伯伯相见。于是，拉结、利亚、两位侍女以及他们所有的儿女都走上前来，伏地而拜。以扫又指着那成群的牛羊说："这成群的牛羊又是什么意思呢？"

雅各说："为了表达对我主您的感恩，这些都是献给您的。"

再次受到感动的以扫说："好兄弟，财富我并不需要，我要的就是与你的血肉情谊。"

雅各坚持要哥哥收下这些礼物，说："如果你不嫌弃弟弟的一片诚意，就求你收下这礼物吧，要知道，我见到了你，就如同见到了上帝。"

以扫不再推辞，当即收下了这些牛羊，启程回西珥去了。雅各待以扫离去以后，就调转了前进方向，往示剑城去了。示剑是希未人的地方，到了示剑，雅各用100两银子在城东买了支帐篷的地皮，在那里为自己盖造房屋，又为牲畜搭棚，准备在此安家落户。

约瑟的故事

偏心引起兄弟纠纷

在以色列的12个儿女中，雅各最喜爱的就是他与拉结所生的儿子约瑟。他特意为约瑟制了一件彩衣，让少年约瑟显得更加漂亮。约瑟长到17岁的时候，已是一名风度翩翩的少年公子。由于受着父亲的宠爱，约瑟也爱在父亲面前撒娇讨好，时不时向父亲报告哥哥们的劣迹。一次，他大哥流便与姨妈辟拉私通，被约瑟撞见了。虽然约瑟还不懂男女之事，但他觉得这一定不是一件好事，于是就把这事告诉了父亲。以色列狠狠地惩罚了流便以及那个乱伦的辟拉。

虽然如此，约瑟还是愿意与哥哥们一同玩耍。有一次，约瑟做了一个梦，第二天早上就对哥哥们夸耀起来："呃，你们听我说我昨晚的梦．我们在田里捆麦子，我的麦捆站在中央，而你们的麦捆围着我的下拜。"

哥哥们当然不高兴了，于是都大叫着质问他："你这是什么意思？难道你要做我们的王吗？"哥哥们因此越发恨他。

后来约瑟又做了一个梦，于是就当着父亲和哥哥们的面说："昨夜我又做了一个梦，梦见太阳、月亮与11颗星向我朝拜。"

父亲开始意识到，这个小儿子由于受着他的宠爱，竟然有着统领家族的野心。但这些事却激起了哥哥们对他的愤恨，他们商议着，什么时候一定要狠狠地惩罚这个狂妄的弟弟。

泄私愤——兄长卖弟

◇兄长卖弟

权力的争斗使得兄弟们各怀鬼胎，加害手足时表现得如此团结合作，这种动力如果用在相互友爱上，就不会有战争和流血了。

一次，几位兄长去远方牧羊，很久都没有回来，父亲以色列有些放心不下，便打发约瑟前往看看。约瑟正好想出去玩玩，于是就出门了。约瑟费了很大劲才找到哥哥，当然非常高兴，但他却万万也不会想到，此刻，哥哥们正酝酿着一场杀弟的阴谋，危险正一步步地逼近他。

没等约瑟走近，哥哥们一拥上前，他们剥下约瑟的彩衣，不由分说地就将约瑟捆了起来，商议着进一步除掉约瑟的办法。然而同胞的情分使这群以色列的儿子们毕竟不忍下手，还是大哥流便想出了办法，流便说："我们何必要让双手沾上自己兄弟的血呢，不如将他扔进附近的一口枯井中，让他慢慢地死吧。"兄弟们觉得这办法不错，于是不由分说，就将约瑟扔进了那口枯井。然而他们仍是没有走开，听着约瑟在枯井中绝望地喊叫，他们一时竟不知怎么办才好。

这时，恰好有一队商人从这里经过，他们是老亚伯拉罕与夏甲所生儿子的后代。他们的驼队中带着珠宝和首饰，正要去遥远的埃及经商。

老四犹大忽然计上心来，他说："把约瑟扔进枯井，仍难免遭到灭顶罪名，如果我们将约瑟卖给这些商人，不仅可以将约瑟从身边除掉，同时还可获得一批钱财。"

大家都觉得这主意不错，于是又齐心协力，将约瑟从枯井中拉了上来。他们把意思向商人一说，商人们见约瑟年轻体壮，相貌英俊，很快就以20舍客勒银子成交。约瑟就这样被自己的兄弟们卖给了商人，从此，约瑟流落到了遥远的埃及。

兄弟们又商议着欺骗父亲以色列的方法，他们杀掉一只羊，又撕碎了约瑟的彩衣，于是向父亲汇报说："我们在一处草原见到一摊鲜血，同时又看到这撕碎的彩衣，想必弟弟约瑟是被野狼吃掉了。”

失去亲子的以色列痛哭不止，老以色列这才后悔不该让自己最心爱的儿子单独出门去找他的兄弟。

流落埃及卖身为奴

约瑟被商人带到埃及，商人转手又把他卖到一户富人家，于是，约瑟就在这家做了奴隶。

从受着父亲宠爱的公子哥到被卖为奴，约瑟的命运发生了天翻地覆的变化。直到这时，他才意识到自己过去的骄奢淫逸所带来的人生悲剧，因此，他在主人家里处处顺从小心，凡是主人让他办的事情，他都尽力地去完成，不管是多难的事情，他都设法去化解，去迎合主人的欢心。约瑟受到主人的器重，过不多久，便被主人提升为管家。

然而新的灾难接踵而至，由于主人常出门在外，家里的妻子忍受不住空房的寂寞，再加上约瑟年少英俊潇洒，主人的妻子竟然爱上了他。于是，那女人有事没事总是爱往约瑟的住处，露骨地做出妩媚的情态，千方百计地挑逗约瑟。无奈约瑟铁骨冰心，不为所动，那女人终于耐不住了，一次趁着约瑟单独在屋的时候，

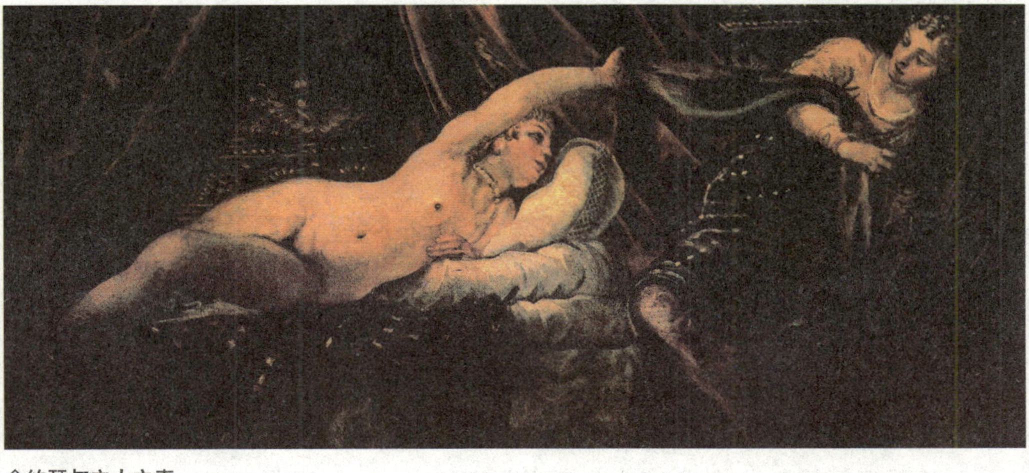

◇约瑟与主人之妻

她浑圆的身体充满性感的诱惑，眼光热烈，为欲火燃烧着，约瑟似乎早已料到会有这么一天，他镇定地闪开那女人的纠缠，眼神是如此平静。

古埃及的奴隶

古埃及王国时期的奴隶处在社会最底层，像牲畜一样按头计算，用于从事农业、矿山以及家内劳动，作为奴隶主财产，奴隶可被买卖，其主要来源于奴隶主掠夺土地财富中的战俘，也有的是购买来的。异族统治时期的埃及奴隶境遇更加悲惨。

忽然冲了进去，不顾一切地抱住约瑟狂吻起来，并且不停地说着：“呵呵，亲爱的约瑟，我真是爱死你了啊！”

约瑟吓坏了，他不能忘记主人对自己的信任，他也知道他之所以落到如此境地全是由于过去的放荡形骸，所以必须加倍地管束着自己，决不让自己做出对不起主人的事来。他死死地抗拒着那个风骚的女人，女人则抓住约瑟的衣服死死不放，约瑟挣脱了，但他的那件被撕扯破了的衣服却留在了女人的手里。

淫欲中的女人恼羞成怒，等到丈夫回来，就拿着约瑟的那件被她撕破的衣服向丈夫哭诉说：“你做的好事，买来这个希伯来人，你好心地对待他，没想到他却打上了我的主意。”女人说着，偎在丈夫的怀里哭了起来。

看到约瑟的那件被撕破的衣服，又听到妻子的哭诉，主人非常生气，当即把约瑟叫了过来，不由分说，举起皮鞭没命地抽打着约瑟。此时的约瑟纵然有一千张嘴，也无法解释其中的原由。主人发泄完毕，便将约瑟以强奸的罪名送进了大牢。

可怜的约瑟命运刚刚有了起色，没想到却因为这一起桃色事件含冤进狱，幸好上帝与他同在。上帝施恩于他，使他在司狱的眼前蒙恩。司狱见他行为方正，人品出众，就让约瑟做了一名牢头，狱中所有的犯人都归约瑟管理。

在约瑟管理的犯人中，有两位身份不凡的人物，他们是法老的酒政和膳长。二位臣子不知犯了什么罪，被下到大牢，正好归约瑟管理。正是这两个埃及法老的近臣给约瑟的命运带来了戏剧性的变化。

绝处逢生——解梦得福

话说埃及法老身边这两位侍臣，一位是酒政，一位是膳长，不知犯了一个什么案子，也被送入大狱，正好是在约瑟的管理之下。

一天清晨，那个膳长忽然心神不宁地坐在地上一言不发，好像有什么满腹的心思。约瑟便问他说：“昨天晚上你睡得很不踏实，一定是做了什么噩梦了吧？”

膳长于是说：“正是这样呢，昨晚我梦见头上顶着3筐白饼，最上面的筐子里是我为法老烤的各种食物，不想却被一群飞鸟全都吃光了。我想，法老的食物怎么会被这群飞鸟吃掉呢？这该不是一个不祥之梦吧？”

约瑟想了想说：“不瞒你说，这的确是一个不祥之梦，3天之内，你将有砍头之祸，法老会将你的头挂在枯树上，一群飞鸟将来啄食你的头颅。”

膳长听了，越发心惊胆战，但他却大骂约瑟，说约瑟是一个骗子，是一个巫师。然而3天过去后，事情的结果正如约瑟所料，膳长被押出了大狱，接着就被刽子手们砍去了头颅，一群飞鸟果然前来啄食他的头颅。

一天晚上，酒政忽然在梦中醒来，他推醒了约瑟说：“你真是解梦如神，刚才我也做了一个梦，梦见面前有3棵葡萄树，3棵葡萄树上都挂着累累的果实，从那些成熟的葡萄里流出浓香的葡萄酒，我用杯子接了这葡萄酒去敬献法老。请问，这梦是祥是恶？”

约瑟高兴地说：“祝贺你啊，这实是在一个再吉祥不过的梦了，3天之内，你一定会被法老提出监狱，接着就是官复原职，继续为法老担任酒政。”

酒政此时已对约瑟的解梦深信不疑，他拍着约瑟的肩膀说：“如果我能出狱，一定不会忘你。”

约瑟说：“我是被蒙冤入狱，希望你能在法老面前为我申诉。”

3天之后，酒政果然就被法老提出了监狱，然而兴奋的酒政却忘了他在狱中对约瑟的承诺。直到有一天，年迈的法老一觉醒来闷闷不乐，当人们问他是否夜里做了一个什么梦时，法老才说：“的确如此，昨夜做了一个奇特的梦，梦见自己站在河边，有7头好看的母牛从河里上来，随后，又有7头丑陋的母牛从河里上来。这7头丑陋的母牛忽然张开口来，一下子就把那7头好看的母牛吞进了肚里。

◇约瑟解梦

约瑟在埃及为奴期间吃尽苦头，并被诬陷入狱后，凭借上帝赐与的智慧为法老圆梦，得到法老的信任，官至极品。上图为约瑟听法老讲梦，中图为约瑟让埃及人储粮，下图为约瑟的兄长来埃及籴粮的情景。

做完了这个梦，我忽然醒了，当我再次入睡的时候，又做了第二个梦：梦见一棵麦子长了7支麦穗，茁壮而金黄。随后又长了7支麦穗，细弱而枯干。这7支细弱的麦穗吞了那7支肥大又饱满的麦穗。你看，这不是一个奇特的梦吗？”

为了解释法老的这个奇特的梦，大臣们召来了全国最有学问的解梦师，然而所有的解梦师都无法解释法老的这个奇特的梦。直到这时，那位出狱不久的酒政才想起他在狱中对约瑟的承诺，于是便向法老说到在狱中见到约瑟的情况。当听到那个名叫约瑟的人居然解梦如此神异时，法老当即命令人们将约瑟提解出狱。

约瑟认真地听了法老的复述，然后胸有成竹地说道：“陛下，这是上帝向您降示的神旨。那梦中7头好看的母牛和7支饱满的麦穗代表了7个丰收之年；而那7头丑陋的母牛和7支枯干的麦穗则代表了7个灾荒之年。陛下啊，埃及必先来7个丰年，随后就是7个荒年。仁慈的上帝希望您及早准备，让我们的人民千万不可乐而忘忧。”

法老对约瑟的解释心悦诚服，于是又说：“聪明智慧的年轻人，请你告诉我，按照上帝的旨意，我该怎么办呢？”

约瑟说：“为陛下考虑，您应该挑选一个聪明能干的人，派他治理埃及。您还要任用其他贤明的官员到各地去担当重任。当前面7个丰年到来时，让各级官员征收本地所出粮食的1/5运到各城，集中储备，并由法老您统一调剂。这些储备的粮食就可以用来救济第二个7年的灾荒。只有这样埃及才不至于为饥荒所灭。”

约瑟的一番陈述，分明就是一篇明智的治国纲领，此时的法老对约瑟真是赏识得无以复加。法老向他的大臣们说：“像约瑟这样的能人，一定是上帝派来的使者，大家都应该好好地礼敬他才是。”当下法老就封约瑟为臣宰，法老亲自走下法座，为约瑟举行隆重的授权仪式。法老摘下手上带着的象征权力的戒指，戴在约瑟的手上，还亲手给他穿上细麻衣，把金项链戴在他的脖子上。

这一年，约瑟正好30岁。

释前嫌父兄得济

让我们再回到约瑟的故乡，回到约瑟的父亲以色列以及他众多儿子们居住的地方。那个时候，迦南接连遭受旱涝灾害，以色列家族几乎遇到了灭顶之灾。

老以色列听说埃及连年丰收，于是派出他的10个儿子前往埃及，只留下了他最小的儿子雅悯。自从约瑟出事后，雅悯便成了老以色列的开心宝贝。他怕这个他最疼爱的儿子也遇到什么意外，所以不让他随哥哥们一同前往埃及。

兄弟10个带着父亲的使命来到了埃及，经人指点，他们来到约瑟的公馆，求见这位在埃及名噪一时的臣宰。

岁月虽然使年幼的约瑟变成了一个成熟的青年，变成一个他的手足兄弟无法辨认的埃及贵族，但他的10个弟兄却没有多少改变。约瑟一下子就认出了他们，一时间所有的往事都涌上心来。然而他抑制住心中的悲愤，不露一点儿声色。

“你们是哪国的人，为什么来到我们埃及？”约瑟沉静地问道。

“我们是从遥远的迦南而来，只因我们那儿发生灾害，我们是来贵国籴粮的。”

约瑟威严地恐吓说：“我得到情报，说你们全是奸细，是来窥探我国虚实来的。”

10位兄弟申辩道：“上帝作证，我们是以色列家族的10位弟兄，我们怎么可能是奸细呢？”

约瑟说：“以色列家族我倒是听说过，但就我所知，他们是12位弟兄，而你们却只有10个，你们分明就是奸细，来人啊，快快将他们拿下。”约瑟不由分说，就让人把他的10位兄长押入了囚牢。然而暗地里约瑟却叮嘱狱卒说：“好好地款待这些人，不要给他们任何刑罚。”

第二天，约瑟再次提审了他的10位兄长，约瑟说：“虽然你们说自己是以色列家族的10位弟兄，我怎么能相信你们呢？你们说说，还有两位弟兄现在何处。”

于是，老大流便便把当年弟兄们陷害约瑟的事情原原本本地说了一遍。此次前来埃及，父亲生怕他最疼爱的小儿子雅悯再发生意外，所以没有让他前来。

悲惨的一幕重现于约瑟的面前，约瑟抑制住悲痛，对他的10位兄长说：“我权且相信你们的话，现在，你们可以留下一个弟兄作为人质，其余的人可带些粮食回去，然后再带着你们的第12位弟弟前来赎取这位兄弟。”

于是，10位弟兄中便留下西缅作为人质，其余者带着装满粮食的驼队启程回国。走到半途，老大忽然意识到，用来籴粮的银子还在自己的口袋里，但埃及的臣宰却让他们把粮食带回来了，这到底是怎么回事呢？但不管怎么说，总算完成了父亲交给的任务。

灾荒仍没有结束，从埃及带回来的粮食却很快所剩无几了，不得已，老以色列只好同意他们带雅悯去埃及籴粮。

就这样，10位弟兄再次来到埃及，再次求见到约瑟的门下。约瑟见所有的弟兄全都到齐了，便吩咐仆人说：“杀牛宰羊，我要请这11位迦南客人到家里午宴。”

11位弟兄听到此话，不知约瑟到底安的是什么心思，一个个十分害怕，但也只好如约赴宴。及至到了约瑟的府第，约瑟早已摆好了盛宴。约瑟将弟兄们按长幼的顺序安排了座位，自己却坐在了第11的位置上。弟兄们对约瑟的安排十分不解，但也不好多问。

约瑟举起酒杯说："我祝贺你们所有的兄弟大团圆，来，干上一杯！"然而11位弟兄谁也没有举起杯子，大家一个个低下头，一副伤心欲绝的样子。流便首先哭泣着说："毕竟不是所有的弟兄啊，约瑟如果还在有多好啊！"

于是，所有的弟兄同声忏悔当初谋害约瑟的罪恶。说着说着，大家同声大哭起来。约瑟此时再也无法抑制内心的悲痛，弟兄们的忏悔让他感受到亲情和人性的温暖。于是，他流着眼泪站起来说："我现在告诉你们，我就是约瑟，你们已经认不出我了，可我在见到你们的时候就认出了你们。"

众兄弟不敢相信眼前的事实，一个个显得惊慌失措。于是，约瑟便把那次被哥哥们卖给商人，商人又转手将他卖给法老，以及蒙冤下狱，又因解梦得福的经过详详细细地说了一遍。至此，兄长们才得知所有的过程。弟兄们相互亲吻，哭声一片。

◇**兄弟团聚**

整个画面像折叠的舞台布景，讲述了几个情节：约瑟的兄长们见法老(左下)，约瑟巡视各地(右下)，约瑟带着一个儿子走上台阶，妻子和另一个儿子在说话(中)，雅各临终前的祝福(右上)。

犹太英雄摩西

险中求生的幸运婴儿

正如当初上帝的承诺，老以色列的后代像天上的繁星一般子孙绵绵。这种人丁兴旺的景象到了大约公元前15世纪时，终于引起一位埃及新法老的深深不安。法老下了一道法令："从今以后，但凡以色列人所生的男孩都必须丢在河里，所有的女孩都可以留下。违者斩首。"

那时候有一个叫暗兰的利未族人，在接连生了几个女孩子以后，不幸又生了一个男婴，让这对父母痛心不已的是，这个男婴长得异常俊美，并且看上去有着不凡的品质。夫妇俩不忍心把这孩子扔到河里。他们打听到法老的公主为人善良，并且喜欢孩子，公主每天都到附近的河边洗浴，于是，夫妇俩便把孩子放入一只木箱，偷偷地放到公主每天洗浴的河岸。

这一天，公主果然像往常一样来到河边洗浴，婴儿的啼哭声将公主吸引过去，当看到这样一个俊美的男婴后，公主恻隐之心大发，于是便让侍女们将男婴抱回宫中。公主当然无法哺育这个孩子，便让人出门寻找奶妈。也就是这样，就像孩子的父母当初所设计的那样，孩子的母亲顺理成章地做了孩子的奶妈。这实在是一个幸运的婴儿，他享受着宫廷的待遇，却同时受着平民生母的哺育。公主十分喜爱这个孩子，给他取名摩西，意为"水中的孩子"。

摩西的奶妈经常给摩西讲述希伯来人的历史和文化，从而培养孩子对希伯来人的亲情，一直到孩子懂事后，他的奶妈，也就是母亲终于向他讲述了全部的过程。奶妈说，你一定不要忘记自己希伯来人的血统，如有机会，将来一定要为以

◇公主垂怜

这只能说又是上帝的安排，让一个平民百姓的孩子死里逃生，顺着幸运之河漂到了王室之家。反叛的血统加上王室环境的熏染，成就了英雄摩西。

色列人报仇。

摩西自明白自己的身世之后，对埃及人充满了仇恨。有时候，摩西会去一些工地玩耍，因为在那个工地上有许多以色列人在做劳工。当摩西看到他的同胞在苦难中挣扎，听到同胞痛苦的呻吟时，总会有一股难以名状的怒火欲冲天而起。

一天，他看见一个埃及监工在恶毒地殴打一个希伯来同胞，摩西再也无法抑制自己的怒火，他冲上前去，将那个监工一阵痛打。没想到那个埃及人太不经打，立刻就一命呜呼了。摩西知道自己闯下了大祸，连忙逃出都城，到东方的米甸去了。

摩西的使命——出埃及

在阿拉伯沙漠中，住着一群老亚伯拉罕的子孙。他们居住的地方叫米甸，他们的后代被人称为米甸人。

摩西经过长途跋涉，行程达400多公里，终于来到米甸这地方。他知道，这是祖先居住的地方，在这里，他一定能寻找到自己的理想和幸福。

摩西坐在一棵大树下休息，离他不远处有一口水井，水井旁有7位姑娘正在为羊饮水。这7位姑娘一个比一个漂亮，摩西看着她们，禁不住旌心摇荡，他想，或许这7位姑娘中有一位是自己的新娘吧。正这么想着，这时又来了几个牧羊人，几个牧羊人粗鲁地将姑娘们推开，饮起自己的羊来，其中一个牧羊人甚至还对姑娘们动手动脚。摩西生性看不惯那些恃强凌弱的人，于是，他走上前去，举起拳头就朝那几位牧羊人打去。摩西一边打一边骂着：“没出息的家伙，只会欺负姑娘们，让你尝尝摩西拳头的滋味。”牧羊人害怕了，连忙赶着羊走开了。7位姑娘非常感激摩西的路见不平，拔刀相助。交谈中知道，这7个牧羊的姑娘是米甸当地很有威望的祭司叶忒罗的女儿。姑娘们热情地邀请摩西到她们的家中做客，摩西爽快地答应了。

叶忒罗听到女儿们讲起摩西见义勇为的事情后，对摩西十分欣赏，立即摆酒设宴款待摩西。当得知摩西是自己远房的亲属时，叶忒罗更是高兴，当下就提出招摩西为自己的上门女婿，叶忒罗说："我的这7个女儿，你看中了谁就请随便挑吧。"摩西便选中7姐妹中最漂亮的西坡拉作为自己的妻子。那一年摩西年满40岁。

西坡拉接连给摩西生了两个儿子，一个叫做革舜，另一个叫做以利亚撒。摩西也就是这样在米甸一直住了40多年，他继承了岳父的家业，创立了在当地有名的牧场，成为受人尊敬的人物。虽然如此，摩西的心中一天也没有忘记埋藏在心中对埃及人的仇恨。他常常登上门前的山岗，举目四望，抒发着心中的理想。他知道，走过那一片沙漠，就可以到达埃及，他的同胞正受着苦难。在那群山掩映

◇摩西保护叶忒罗的女儿们

年轻的摩西从一开始就显示出了他神秘的禀赋，这种禀赋最终解救了叶忒罗的女儿们。

的尽头是他的故乡迦南，那里是他的祖先居住的地方，是以色列人的乐土。他心中酝酿着一个伟大的计划：此生中他一定把自己的同胞从埃及的奴役中解救出来，把他们领到富饶的迦南故土去。

一天又一天过去了，摩西不觉成了一个80岁的老人。这一天他在山坡上放羊，忽然看见一个巨人站立在云端之上。

巨人向他招了招手，于是，摩西怀着恐惧的心情一步步走向巨人。这时他听到巨人在说："摩西，你听到以色列人受苦的哀号了吗？"

摩西知道眼前的巨人就是上帝，于是便诚惶诚恐地说："主，我听到了。"

上帝说："现在，我命令你到埃及去，去把以色列人解放出来。"

摩西说："主，我能用什么法子完成您的使命，从而把以色列人解放出来呢？"

上帝说："上帝与你同在，你应该有信心。我问你，你手里拿的是什么？"

摩西答道："是一根普通的手杖。"

上帝命令他："把它丢在地上。"

摩西把手杖丢在地上，手杖即刻变成一条蛇在地上爬行。

上帝说："你不要怕。伸出手来抓住它的尾巴，它必在你手里变为能够战胜一切的魔杖。"

摩西依照上帝的旨意抓住那条蛇，果然，那刚才还凶猛的蛇即刻变成一根神奇的魔杖，魔杖在他的手中闪着银光。他开始相信，万能的上帝既然交给他解放以色列人的神圣使命，他就一定能够不辱上帝的使命。

摩西回家向岳父叶忒罗讲述了遇见上帝，以及上帝交给他神圣使命的经过，叶忒罗觉得，摩西大显身手的机会到了。于是便同意摩西带着妻子西坡拉和两个儿子回埃及去代表上帝拯救以色列人。

挥魔杖灾降埃及

当年摩西一气之下杀死那个埃及人，一晃已过去40年了。40年来，埃及换了一茬又一茬法老，宫廷中的臣吏们也换成了一批批新人。无论是现在的法老还是其他官吏，没有人还记得摩西当年杀人的事。现在，当这个身披粗布长衫，长着一脸花白胡子、手执牧羊杖的亚细亚人走在大街上时，谁也无法认出他就是当年那个被公主领养的义子摩西。

摩西大模大样地去会见法老，他向法老提出："上帝命令我前来埃及，现在，我要领着我的以色列同胞回到自己的国土上去。"

法老说："你是谁，上帝又是什么，你凭什么要我同意让那些以色列人随你回自己的国土上去？他们走了，谁来给我们做劳工？你来做吗？"法老也不敢得罪摩西，法老知道，眼前的这个老家伙一定是以色列人的领袖，如果将他治罪，是会引起以色列人的公愤的。但是，气急败坏的法老把对摩西的怒火发泄到那些以色列人身上。法老让人加倍地奴役以色列人，如果完不成当天的任务，就用皮鞭抽打他们。一批批以色列人偷偷地前来寻找摩西，向摩西诉苦，请求摩西尽早解放他们。摩西感到非常惭愧，他觉得自己没有完成上帝的使命，却给同胞带来了更大灾难。他向上帝祷告说："主啊，我真是对不起您，这些埃及人口出狂言，根本不把上帝放在眼里，您说，我该怎样做呢？"

◇埃及十灾

上帝借摩西之手10次降灾埃及，终于迫使法老屈服。10次灾难为：水变血之灾、蛙灾、虱灾、蝇灾、畜疫之灾、疱灾、雹灾、蝗灾、黑暗之灾、击杀各户长子和牲畜之灾。

上帝说："去施行魔术，让他们相信，上帝与所有人同在。"

摩西再次去见法老，他将那根魔杖丢在地上，魔杖立即就变成一条凶猛的毒蛇。然而法老却哈哈大笑，他召来宫廷中的术士，术士们各自把手中的魔杖丢在地上，地上立即游动着一条条毒蛇。这时候，摩西的那条蛇很快就吃掉了所有的毒蛇。尽管这样，法老仍然不信奉上帝，仍然不肯让摩西把以色列人带回国内。

上帝决定降十灾到埃及的国土上，以惩罚这些不信上帝的埃及人。摩西得到上帝的神谕后，便开始行动起来。

第一回，摩西按照上帝的旨意，给埃及降下血灾。摩西举起魔杖击打着河水，于是，那条河里所流淌的就全是通红的血液，在风的作用下，血水散发着阵阵恶臭，弥漫整个埃及。

第二回，摩西按照上帝的授意，给埃及降下蛙灾。摩西把魔杖伸到全埃及的江河湖塘里，所在地的江河湖塘里就爬满了青蛙。那些丑陋的青蛙满大街都是。青蛙跳进了法老的王宫，在他的宫殿和寝宫乃至床榻上跳舞鸣叫。法老似乎认输了，他主动召见摩西，对他说："请你让那些该死的青蛙离开我吧，你提出的所有条件我都答应。"

于是，所有的青蛙都死了，整个埃及到处充满了死蛙的阵阵腥臭。埃及人用了大半年的时间才将腐烂的青蛙清除干净。埃及又恢复了原来的面貌，法老以为灾祸已经解除，就立即开始反悔。摩西按照上帝的授意，决定给埃及降下第三灾。

摩西用手杖击打地上的尘土，那些飞扬的尘土卷起无数吸血的虱子，于是，所有埃及人不得不每天在地上打着滚，发出阵阵痛苦的号叫，因为他们身上爬满了虱子。

然而，尽管一个个天灾人祸不断地降临到埃及人的头上，顽固的法老仍然不肯作出让以色列人回国的承诺。于是，按照上帝的旨意，摩西决定向埃及降下第十灾，也是最致命的一灾。

摩西是我们的力量

在灾难降临之前，摩西预先告诫以色列人要怎样怎样。于是，得到神谕的以色列人每家都宰杀了一只公羊羔，将公羊羔的血涂在自家的门上。当天晚上，每个以色列人将羊羔肉拌和着无酵饼和苦菜一并吃下，然后做着与埃及人决一死战的准备。

午夜时分，摩西挥动着魔杖，于是，无数神兵从天而降，这些神兵看到谁家的门上没有涂上羊血时，便走进门去，杀掉该户人家的长子，且不管是法老的长子还是一般平民的长子，甚至牲畜也不放过。一时间，整个埃及哭声震天。直到这时，法老才真正意识到，上帝无所不在，上帝无所不能。法老只好召见摩西说："去吧，去把你们这些该死的以色列人统统领回国去吧。"

现在，以色列人报仇雪恨的时机到了，早有准备的以色列人乘机抢劫金器、银器、衣裳等财物和各种兵器。武装到位的以色列人为今后与沙漠上的部族作战做好了充分的准备。

这也是几百年来备受奴役的以色列人的一个十分重要的日子，为了纪念这一

◇以色列人出埃及

出埃及是以色列民族史上的一座极为重要的里程碑：从宗教方面看，它奠定了神崇拜，建立了律法；从政治方面看，它建立了神权政体，标志着以色列民族渐趋成熟。

伟大的日子，摩西把这一天（犹太历的1月14日）定为逾越节，意思是，上帝耶和华越过了以色列人家，杀死了所有埃及人家的长子。

兴奋的以色列人于黎明时分整队从兰塞出发，向东边的疏割前进。以色列人在埃及居住了430年，来时只有70人，现在仅健壮的男子就有60万之众。这60万男人个个手执武器，雄赳赳气昂昂地为自己的民族而拼杀着。走在以色列人队伍最前面的是灵车，灵车上的木棺中放着约瑟的木乃伊，殿后是无数的羊群和驮着珍宝的驴队。

受此重创的埃及法老岂甘失败，好不容易喘了一口气，法老亲自带领600辆战车的埃及队伍前来追赶以色列人。当回头看见那烟尘漫漫的追兵由远而近时，以色列人心不免有些害怕，摩西挥舞着魔杖说："勇敢的以色列勇士们，胜利一定属于英勇的以色列人。"

一片漫漫大海挡住了以色列人前进的方向，眼看埃及人就要追上，摩西高举着摩杖朝海上挥去，于是，海水纷纷向两边退去，现出一条宽广的旱路，以色列人一声呐喊，便匆匆地顺着这条旱道走到了彼岸。而当埃及的600辆战车紧跟着踏上那条旱路时，只见摩西用他那神奇的摩杖只轻轻一点，那条劈海而建的神奇旱路顿时消失，埃及人的战车和马匹纷纷落入海中，不一刻，海面上就漂浮着埃及人无数的尸体。

以色列人看到埃及人的尸体和他们牲畜的尸体黑压压地漂浮在海面上，心里充满了对上帝的敬畏，对上帝的使者摩西更加信奉，他们在海边载歌载舞，欢庆胜利，他们唱道：

摩西是我的力量
我的诗歌
我的上帝
呵，耶和华
我要赞美他
他是我们敬爱的父亲

人们一边击着鼓，一边唱着歌，他们唱累了，就坐在红海岸边吃着羊肉和无酵饼，准备迎接更大的战斗。

比粮食更重要的是自由

渡过红海，摩西率领着以色列人开始了漫长的回国之路，不觉已经6个星期了。这一天，他们来到以琳和西奈的中间地段，由于天气炎热，摩西便让大家在这里安营扎寨。

这是一片荒漠，头顶上的太阳炙烤着大地，附近找不到一处水源，以色列人的粮食和水都已用完，于是，一些以色列人开始抱怨起来，他们说，看来我们要死在上帝的手中了，早知道如此，我们何必要离开埃及呢？

听到这样的话，摩西心中十分难过，他知道，由于长期的奴役，以色列人身上的奴性太重了，他们竟然不知道自由是比粮食和水更重要的东西。

摩西向全体以色列人说：“勇敢的以色列人，上帝与我们同在，他已经听见了大家的怨言了，就会前来拯救大家的。”

黄昏时分，忽然有无数的鹌鹑自远方飞来，它们在以色列人的头顶盘旋着，形成遮天蔽日之势。这些远行的鹌鹑无力地振动着翅膀，纷纷落到饥饿的以色列人的面前。于是，以色列人忙着拾柴燃火，开始了一场别开生面的野外烧烤。霎时间，浓香的野味弥漫了整个营地。

◇收集吗哪

更大的奇迹出现在第二天，清晨起来，以色列人惊讶地发现，荒原上到处都是白雪似的圆球，一个以色列人好奇地尝了尝，竟然香甜无比，摩西向人们大声地说："看呐，这是上帝赐给我们的食物，大家尽情地吃吧。"以色列人管这种天降食物叫吗哪。

接着又是饮水问题。因为口渴，以色列人又开始抱怨起来。

"快给我们水喝吧，我们都快渴死了。"

"你为什么将我们从埃及领出来，我们的儿女、牲畜都快渴死了！"

摩西继续向上帝耶和华求救，这天夜里，摩西得到上帝的神谕，用手中的魔杖击打着身边的岩石。刹那间，岩石裂开一道缝，一股清澈的山泉涌了出来。

西奈山上的人神交谈

摩西率领以色列人终于远征到西奈山下。高耸的西奈山直插云天，山间缭绕着团团雾气，给人一种神圣之感。这一切使习惯于尼罗河三角洲平原生活的以色列人心中产生一种神秘、敬畏的感觉。摩西觉得这正是他所需要的氛围，于是便安排以色列人在这里安营扎寨。

摩西安排所有的男人耕地和打猎，让所有的女人在家做饭和纺织，离开埃及以来，颠沛流离的以色列人开始过着富足而安定的生活。俗话说，富足必淫逸，一段时间以来，以色列人开始放荡形骸，于是，奢靡之风开始盛行，他们对上帝以及摩西开始疏远起来，他们认为，有了这样的生活，还需要上帝干什么呢？

摩西对此忧心如焚，他在暗中祈求上帝能拯救以色列人，以免以色列人会在罪恶的道路上越走越远。这一天，上帝给摩西降下神谕说："从今天起，让你的人民沐浴，更衣，更不要亲近女人。我要在第三天降临在西奈山上与你见面，至时，我会传你10条天诫，让你的人民照此执行。"

预定的日期到了，这一天，西奈山上浓云密布，雷声大作，在一阵倾盆大雨之

◇摩西雕像

后，万道霞光照彻在群山之间。摩西知道，上帝就要召见他了。他让以色列人等候在山下，准备听候上帝的福音，自己则独自登山去见上帝。在西奈山巅，摩西如愿地见到了上帝，上帝耶和华当面向摩西传授着10条天诫，嘱咐他如何去教育和感化他的人民，使得以色列人不至于遭受罪恶的惩罚。

就在摩西与上帝交谈的时候，等在山下的那些以色列人不耐烦了，有人趁机说，上帝根本就不存在，摩西丢下我们，独自远行去了。对上帝发生动摇的以色列人纷纷围聚到祭司亚伦的帐篷前，惊恐不安地谈论着今后的日子。有人说："赶紧为我们缔造一尊新神吧，我们不能没有神啊。"

亚伦也不知所措，这时，妇女们纷纷解下耳环和戒指，有人建议说，用这些东西铸一头金牛吧，让金牛成为我们新的膜拜。亚伦不敢违抗大家的意思，于是就按照大家的设想，用那些金器铸了一头巨大的金牛。人们把这金牛放在营地中央，看着阳光下的金牛放射着灼人的光芒，以色列人一个个欣喜若狂。他们围着这头金牛载歌载舞，杀牛宰羊，彻夜狂欢。

这一切当然都被上帝看在眼里，他让摩西赶紧回去，以免以色列人制造出更大的祸乱来。

当摩西看到人们围着金牛彻夜狂欢的场面时，顿时气得浑身发抖。他想不到以色列人对上帝的信仰竟这样不堪一击，他挥舞着魔杖，魔杖击处，一道天火从天而降，于是，那金牛即刻便化为齑粉。摩西接着又痛斥祭司亚伦说："以色列人到底做错了什么？你竟使他们失去上帝，陷入罪恶！"

亚伦申辩说："这一切怨不得我啊，我若不这样做，我便会受到大家的围攻。"

摩西知道，一个没有信仰的民族是无法生存的，摩西挥舞着魔杖站在山坡上大声地说："凡信仰上帝耶和华者，请站到我这边来。"

摩西的话音刚落，大部分以色列人都站到摩西的一边，唯有极少数人仍顽固地坚持信奉金牛教。于是摩西便命令这些信奉上帝的以色列人说："我现在传达上帝的旨意，以色列的神——上帝耶和华庄重地说：'勇敢的以色列人，用你们的刀，杀灭那些无耻的背叛者吧。'"

在上帝的旨意下，当即有3000名背教者被杀死。

受法典规范教民

摩西让人们重新归顺了上帝，西奈山下的以色列营寨终于又秩序井然。

这一次大骚乱结束后，摩西比以往任何时候都更加意识到，一盘散沙的以色列人必须有一套完整的法典来治理和规范。对于这些信仰并不坚定，对自由的意义不甚了了的以色列人来说，唯有铁的、有着极致权威的法条，才能使他们得以统一在上帝的门下。摩西决定再次登上西奈山顶，祈求上帝耶和华宽恕营地发生的事情，重新将10条天诫颁赐给可怜的以色列人。

◇颁布十诫

上帝召摩西一人上山向他颁布十诫，从此上帝与以色列人订立了《西奈盟约》，以色列人承认上帝为独真神，建立神权政体；上帝则接受以色列人为自己的选民，施恩保护。

上帝果然宽恕了曾经骚乱一时的以色列人，并且答应，只要以色列人能够按照10条天诫去规范自己的言行，就一定将那"流着奶与蜜"的迦南地区永久地归于以色列人。

为了等待上帝的召见，摩西在西奈山顶不吃不喝地待了40个昼夜。那天上午，上帝终于显现于云端之上。摩西虔诚地跪拜在地上，请求上帝的恩赐。

上帝说："摩西，你是上帝的臣子，唯有你才能领导以色列人走向幸福和自由。现在我就把10条天诫赐予你吧。今后，你可凭这10条天诫来作为治理自己人民的依据。"

上帝不仅将10条天诫赐予摩西，并且又授予摩西一套治国的法典和一些教规，让摩西今后以此法典和教规治理国家，规范教民。读着那10条天诫以及这些详细的法规，摩西更加觉得上帝的万能与伟大，同时对今后治理以色列人也更有信心了。

那10条天诫分别是：

1.信仰上帝耶和华而不敬奉其他的神；

2.不可雕刻和敬拜偶像；

3.不可妄称上帝的名字；

4.须守安息日为圣日；

5.要孝敬父母；

6.不可妄杀；

7.不可奸淫；

8.不可偷盗；

9.不可作假证诬陷他人；

10.不可贪恋别人的妻子及财物。

摩西觉得，上帝所赐10条天诫必须具有无上的权威，于是，他决定将上帝的所赐供奉在一处圣所内，让他的人民每天前来朝拜。摩西把设计制造圣所的任务交给了两个能工巧匠——比撒列和亚何利亚伯。比撒列和亚何利亚伯用蓝、紫以及朱红色麻线织成帐幕。帐幕中的圣所是用皂荚木做成的，内外均镶上纯金。圣所的四周立有铜柱，铜柱的顶端是银的柱头。横梁上挂着细麻布做成的帐幔。正门的门帘是用绸布做的，上

◇运送约柜

面用天蓝色、紫色和朱红色的线绣了花纹。横梁上还安有金环，直杠套在金环里，便于拆卸和安装。圣所的外壁再用红蓝两色羊皮包上，使之免遭日晒雨淋。在圣所的入口前立着祭坛，祭坛用青铜铸成，还有一个巨大的铜盆，置有烛台和供桌。圣所里云烟缭绕，铜灯台上点着7支神灯。在神秘的灯影中，在豪华的带花纹的帷幔后面放着圣所里最神圣的东西——金约柜。金约柜是比撒列和亚何利亚伯用皂荚木做成的。约柜内外包金，四围镶上象牙，四角上铸有4个金环。摩西将刻有十诫的两块石牌和《西奈法典》藏入柜中。

《圣经》里的上帝

圣书上提到的三大宗教——犹太教、基督教、伊斯兰教，对于上帝有不同的称谓。犹太人用四个字母“YHWH”代替，在书写时要增加两个元音字母，成为Yahweh（耶和华），但在朗读时要用“阿多乃衣”（“主”）来代替。对于基督徒来说，他是上帝、圣父、圣子和圣灵。对穆斯林来说，他是真主安拉。对于他们全体来说，他是慈爱者。

摩西终老，心存遗憾

为了到达上帝所嘉许的美丽富饶的迦南地区，以色列人历经千回百折，不觉已消耗了两代人的时光。这一年夏天，摩西的以色列大军走进一条狭长的山谷，山谷中缺水缺粮，以色列人饥渴交加，不少以色列人就此倒在这条大峡谷中。一时间，一些以色列人又开始怨声载道，他们围住摩西的帐篷，逼问摩西说：“为什么要把我们带到这里来？为什么要走这干旱的峡谷？你想置我们于死地吗？”

在极少数人的策动下，一些以色列人开始叛乱，他们放出谣言，要放火烧死摩西。看着这些愚顽的以色列人，摩西在内心里发出阵阵哀叹，于是他向上帝祈求说：“万能的上帝，仁慈的耶和华，这些以色列人如此冥顽不化，请帮帮我吧。”

当叛乱的人群逼近摩西的帐篷时，忽然间，无数条火蛇自天而降，这些火蛇开始扑向叛乱者，无数的叛乱者被火蛇咬死。人们也从中再一次看到上帝的力量，叛乱者不得不派出一名代表去向摩西求情：“求您原谅我们吧！我们不该抱怨上帝耶和华，我们知罪。”按照上帝的旨意，摩西将他的魔杖挂在营地中央的柱子上，凡是被蛇咬伤者，只要真诚地忏悔，当他们的手触到魔杖，立马就恢复了健康。

40余年的长征转战，摩西率领着以色列人冲出埃及人的罗网，终于见到了自己的家乡，然而此时的摩西已是一位120岁的老人了，命运注定了老摩西自己再也不能到达自己日夜思念的故土迦南了。他清楚地知道自己的生命将走向终结，上帝将召他而去。在这一年里，摩西为自己后事做了一系列精心的安排。

现在，以色列有男丁60余万人，摩西把已经占领的约旦河以东的土地分给流便、迦得两个支派和拿玛迦的半个支派。他指定了忠实的战友和骁勇的将军约书亚为自己的接班人。他又根据40年来的经验对现行法典补充了新的条文和教规，为了防止内讧，他把迦南的土地预分给各支派。只有利未人和祭司们没有分到单独的领地，因为他们要在整个迦南担任神职。不过摩西还是让他们管辖40个城市和地区，以保证他们一生里能过上体面的生活。他又分别指定6个城市为逃城，那里是犯人的避难地，人们逃到这里，就可以避免遭到血族的报复。

摩西编了一首颂扬上帝的歌，告诉以色列人，无论是盛世还是乱年，唱这首歌都可以得到鼓舞。

做完了这一切，摩西开始与自己的人民诀别。这天傍晚，摩西悄悄地离开帐篷，独自登上尼波山巅。站在那万仞之顶，摩西久久地眺望着他呕心沥血、鞠躬尽瘁地为之奋斗了一生的圣地迦南，风轻轻地吹拂着摩西雪白的胡须，他站在那里，就像是一尊不朽的山峰。

没有人知道他怎样死去，更没人知道摩西将归于何方。

◇**摩西之死**

没能回到故土迦南是摩西的终生遗憾。众人在领受摩西的分封，天使半隐在树后看着这一切，只等摩西完成使命便带他离开。

士师时代的故事

受天命拆除巴力神坛

命运注定了以色列人的多灾多难，上帝也似乎要考验以色列人对上帝的虔诚与信仰。不久，迦南境内的米甸人、亚玛力人以及来自东方的其他游牧部族联合起来，他们像蝗虫一般扑到这里，将以色列人的粮食、布匹和油料一批批运到自己的国土中，软弱的以色列人不得不逃入深山，躲进山洞，过着一种岩居的生活。为此，以色列人对上帝的信仰产生了动摇，他们在村头筑起神坛，供奉起迦南的巴力神，他们每天跪拜在巴力神坛下，祈求巴力神的恩德和赐予。

基甸是阿施的儿子，这一天，年轻的基甸正在地里收割麦子，恍惚中，上帝的天使来到他的面前，天使说："勇敢的基甸，有作为的年轻人，上帝愿与你同在。"

基甸说："上帝在哪儿呢？我们吃糠咽菜，忍饥挨饿，受外族的压迫，过着猪狗不如的生活，上帝如果真在，他该看到这一切啊。"

天使说："这一切都怨以色列人的健忘，以色列人为什么要失去自己的信仰，转而去信迦南人的巴力神呢？"

基甸觉得天使言之有理，于是便说："我又怎么能相信您就是上帝耶和华的使者呢？"

天使说："你准备一只山羊羔和一些无酵饼来作为对上帝的供奉吧。"

基甸果然就按照天使的吩咐照办了，这时，只见天使将手一挥，那山羊羔和无酵饼顿时就化成一团蒸汽飘飘渺渺，向天空升腾而去。至此，基甸终于相信，果然是上帝派他的天使向他降神谕来了。于是基甸说："尊敬的天使，上帝现在需要我做什么呢？”

天使说：“勇敢的年轻人，拆除巴力的神坛，坚信上帝的力量，然后率领以色列人，推翻外族的统治。”说完，天使就神秘地消失了。

基甸立即动手拆除了巴力神坛，将巴力的神像当作了劈柴。这件事在当地引起了轩然大波，人们一大早就发现巴力神坛不见了，巴力神像也化为灰烬，当得知这一切都是基甸所为时，人们气势汹汹地赶到基甸的家里，唯基甸是问。

基甸的父亲阿施是一个开明的老者，当着那么多愤怒的村民，阿施说：“如果巴力真是神，他老人家会自己出来惩罚基甸的，用得着你们叫叫嚷嚷吗？”

村民们觉得阿施的话有理，就各自回家去了。一连好多天，基甸好好地活在村民们中间，大家终于认识到，所谓巴力神不过是自己为自己设立的神而已，并没有什么特别的灵验。

从此以后，第一个拆除了巴力神坛的年轻人基甸成了以色列人心中的英雄。

基甸发动起义

借着自己在以色列人中间的崇高威望，基甸决定按照上帝的旨意发动起义，推翻外族的侵略和压迫。基甸吹起起义的号角，很快，在他的旗下会集了大批以色列人。基甸向大家宣讲上帝的意旨，号召大家团结起来，推翻外族的统治。然而仍有一些人不相信这就是上帝的意旨，基甸便向上帝祈求说：“我决心拯救以色列人，请上帝耶和华显示灵验，让所有以色列人看到上帝的力量。”

◇ **基甸点兵**

耶和华让基甸把所有士兵带到水旁，看有多少人用舌头舔水喝，多少跪下捧水喝，结果有300人像狗一样舔水喝，于是选定了这300人，因为他们在任何时候都不放开武器，是真正的战士。

基甸拿出一捆毛线，而将其中的一团放在太阳底下说："上帝与我们同在，如果其他的毛线都是干爽的，而这一团毛线沾上露水，大家就知道上帝与我们同在。"话刚说完，那团放在太阳下的毛线果然就沾上了湿漉漉的露水，而其他的毛线却干爽如初。

基甸又将所有的毛线放入水中，却拿出其中的一团毛线说："现在，我把所有带水的毛线放在这里，如果其他毛线都是湿的，而这一团毛线却是干爽的，大家就知道上帝果然与我们同在了。"

◇深夜扰敌

3队勇士在深夜包围敌营，高声叫喊："耶和华和基甸的刀！"米甸营登时大乱，米甸人没头没脑地自相践踏与残杀。

奇迹再一次发生，人群中发出一阵欢呼，以色列人开始相信上帝的无所不在，无所不能。于是，当即有3.2万名以色列人集合在基甸的周围，他们在哈律泉边安营扎寨。基甸知道，要想与那些强敌作战，没有一支精锐的军队是万万不能的。他向大家讲述战争的残酷，他告诉大家说："我们的战斗，注定会有许多的牺牲，如果贪生怕死，现在回去还未为晚。"于是，一些怀着复杂的目的前来投奔者便悄悄地离开基甸走了。基甸的部队只剩下1万人。基甸看着余下的1万人，觉得如果要组成一支精锐部队，人数还是多了。傍晚，1万人的部队来到一处河边，由于炎夏酷热，当大部分士兵看到河水时，立即把武器扔在地上，双手捧起水贪婪地喝了起来。只有很少一部分人俯伏在地上，双手紧握着武器，像狗一样用舌头舔水喝。基甸数了数，这些人大约有300人。基甸觉得，只有在任何时候都不放下武器的战士才是真正的战士。基甸决定用这300人组成一支奇袭小分队，其余者则奉命回自己的帐篷留守。

当天夜里，基甸将300人的奇袭小分队分成3组，每组100人。他让每人手中拿一支号角和一个空罐，罐内都藏着火把。当天夜里，基甸的小分队悄悄地来到敌人的营地，敌营中的士兵正安然入睡。忽然，基甸吹响了号角，发出了进攻命令，于是，奇袭队员个个从罐中取出燃烧的火把，他们举着火把，吹起号角，然后齐声呐喊。震耳欲聋的号角声和呐喊声惊醒了米甸人，只见四野一片火光，他们委实不知道究竟有多少基甸的人马包围了他们的营地，一个个开始仓皇出逃。基甸的小分队乘胜追击，一路上杀死米甸人无数，其中包括4个米甸首领，从而获得起义首战的大捷。

大力士参孙为情所困

神勇参孙

基甸之后，以色列又相继出现过几位民族英雄。这些英雄一次次将以色列从外族的铁蹄下拯救出来。然而，以色列人总是好了伤疤忘了痛，他们一次次地作恶，一次次背弃上帝的旨意，于是上帝也就不得不一次次地惩罚以色列人。这一次，上帝是把以色列交到了非利士人手中。非利士人从海上入侵以色列，统治以色列长达40年之久。他们在以色列建立了5个城国，以色列人又一次陷入水深火热之中。

话说锁拉城中有个叫玛挪亚的人，属但支派。夫妇二人婚后多年不育，眼看年事已高，玛挪亚便向上帝祈求，请上帝赐他们一个儿子。仁慈的上帝于是告诉他们说：你就会有一个儿子的，这个儿子将来会担当起领导以色列人抗击非利士人

◇参孙杀狮

与狮战斗，并最终战胜了狮子——参孙的神勇令世人瞠目。

的重任。但是，我要告诉你们，儿子生下来后，千万不可剃去他的头发，这是他生命的全部秘密，泄露了这一秘密，他就遭遇杀身之祸。

不久，玛挪亚的妻子果然产下一子，他们为他起名参孙。参孙自幼力大无穷，且英勇机智。7岁的时候，一天，参孙随父母到葡萄园玩耍，正好遇到一只狮子张开大口向他吼叫。参孙走过去，一把抓住狮子，将狮子撕成两片。又过了两天，另一只狮子再次来到他家的葡萄园，这时，一群蜜蜂在狮子口内飞出飞进，参孙知道，狮子的口中一定有蜜。他赶走蜜蜂，掰开狮子的大口，将狮子口中的蜜硬是一点不剩地掏了出来。

从此以后，人们便知道在锁拉城有一个大力士参孙。

痴情参孙

大力士参孙的另一个特点就是痴情好色，一旦他爱上某个女人，就变得像绵羊一般温顺。

参孙初恋的女子偏偏是一个非利士女子，当他向父母说出心中的秘密时，当即遭到父母的坚决反对，父母无论如何也不愿意儿子和以色列人的仇敌非利士女子在一起。然而参孙对这非利士女子爱得狂热，爱得痴迷，他向父母发誓说，如果得不到这非利士女子为妻，他将终身不娶。无奈之下，父母只得违心地同意了儿子的这桩婚姻。

新婚大喜的日子，按照非利士人的风俗，新姑爷需首先去岳父家，岳父要为这对新婚夫妇举行7天的婚宴。第一天婚宴上，喝多了的参孙忽然走到那些非利士人面前说："我现在让你们猜一个谜语，猜对了，我会送你们30件外衣，30件衬衣。如若没有猜出，你们就得送我30件外衣，30件衬衣。"

非利士人仗着人多势众，便说道："这有何难，你把谜面说出来吧。"

参孙于是说出了他的谜面："吃的从吃者中来，甜的从强者中来。"

那些非利士人一连猜了很多谜底，参孙都说是错。非利士人十分恼火，便私下里向参孙的新婚妻子说："你的丈夫真是恶毒，竟然用什么古怪的谜语当面羞辱我们非利士人。你若还是非利士人，就设法哄你的丈夫把谜底说出来，否则，我们就放火烧了你父亲的房子。"

新娘子吓坏了，当夜在枕旁便哭哭啼啼，责怪丈夫不该喝多了，做出这种有伤娘家脸面的事来。参孙禁不住妻子的软磨硬套，终于说出了谜底。第二天的酒宴上，那些非利士人便把参孙那次从狮子口中夺蜜的事说了出来，并且当众向参孙索要他许诺的30件外衣，30件衬衣。

参孙知道，一定是妻子把谜底告诉她的娘家人了，便没好气地说："你们要是不用我那头母牛耕地，又哪里能说出真正的谜底呢？"

参孙非常憎恨这些愚蠢而又狡猾的非利士人，当天夜里，他悄悄地来到亚实基伦，杀了30个非利士人，脱下他们的外套和衬衣，第二天就把这些衣服交给了30个同他打赌的非利士人。参孙同样也很生妻子的气，连招呼也没有打就回自己的家去了。

过了一段时间，参孙的怨气消了，便带着一只山羊羔去接妻子，没想到岳父已将妻子许给了另一个非利士人。参孙受不住这样的奇耻大辱，决心报仇。

参孙捉了30只狐狸，将它们与火把拴在一起，接着，点着了那30只狐狸尾巴上的火把，30只狐狸冲向非利士人的庄园，将非利士人正待成熟的麦子、大片橄榄园以及葡萄园烧得个尽光。

大力士出城

受害的非利士农民迁怒于参孙的岳父，一把火烧了他的家。参孙反过来又杀了更多的非利士人。参孙与非利士人所结的怨恨越来越深，非利士人决心除掉这个以色列恶徒，于是便施用伎俩，利用受他们统治的犹太人作为人质，终于将参孙诱捕入室。

非利士人将参孙带回利希，在广场上，非利士人对他进行百般的辱骂和嘲笑，他们朝他吐口水，扔脏物，拿他当玩物。参孙本不想连累犹太人，所以才自行就范。现在，非利士人竟然对他如此无礼，他哪里忍受得住这样的污蔑，于是，愤怒的参孙猛一发力，挣断了非利士人捆绑他的绳索，然后从地上拾起一根驴骨作为武器，与非利士人打了起来。一场恶战，参孙虽单枪匹马，却越战越勇，当下便杀死1000名非利士人，成功突出重围。

大力士参孙的事迹在以色列人中很快家喻户晓，人们纷纷传言，说他是上帝派来拯救以色列人的英雄，把他推举为士师。就这样，参孙担任以色列士师20余年，20余年间，非利士人慑于参孙的威名，虽然未敢明目张胆地欺侮以色列人，但却一直视参孙为眼中钉、肉中刺，决心除掉参孙而后快。

参孙自恃力大无穷，常常在光天化日之下出入于非利士人的城市，若过无人之境，非利士人也的确不能奈何于他。参孙的胆子越来越大，这一次，他又爱上了一个美貌的非利士妓女。常常去那座城里与妓女幽会。一天夜里，当参孙再次来到那妓女家时，得到情报的非利士首领派出大批军队守候在城门两旁，单等天亮后参孙离城时一并将他捉拿。

◇搬走城门
有勇无谋的参孙凭借蛮力再一次逃出了围困。

然而不等天亮，参孙便离开了妓女的家。守城的士兵没想到参孙会在半夜出城，此时正呼呼大睡呢。参孙打死了在城门旁打盹的卫兵，却又找不到打开城门的钥匙。情急之下，他一脚踹开城门，将城门的门板、门框和门栓一并扛在肩上，然后箭步出城，一口气跑到希伯仑前面的山顶上，朝着非利士人大声吼叫："愚蠢的非利士人，你们来吧，来扛回你们城门的门板、门栓和门框吧！"

痴情惹祸

非利士人对参孙又恨又怕，他们想，参孙这样力大无穷，但一定也有致命的弱点，如果能了解到他的致命之处，就一定能将他捉拿归案。

参孙天生是一个情种，不久，他在梭烈谷又爱上了一个叫做大利拉的非利士女人。他对那女人一往情深，干脆就住在了她的家里。非利士当局得知这一情报后，就开始对大利拉进行不断地策反，说："你是非利士人，参孙杀了那么多非利士人，不杀了他，还有更多的非利士人遭殃。希望你能设法哄出参孙生命的秘密，这样我们就能够制服他了。"当局许诺说，如果得到参孙的秘密，就立即奖赏她100舍客勒银子。

这天晚上，参孙又来到大利拉的家里。大利拉在与参孙调情时装作无意地说："你这样力大无穷，难道就没有任何制服你的办法吗？"

参孙虽然被情所迷，但却不失根本，于是便逢场作戏地说："如果用7条未干的青绳子捆绑我，我就软弱得像一摊烂泥了。"

那天晚上，大利拉用酒将参孙灌醉，趁着这个时候，非利士人用7根未干的青绳将参孙捆了个结结实实。参孙惊醒后，突然大吼一声从床上跃起，7根绳索应声而断，那些非利士人一个个惊慌失措，落荒而逃。

然而参孙对那个非利士女子仍然痴情不改。于是，当参孙再一次与她调情之时，那女人故伎重演，又逼参孙说出他的致命之处。于是参孙又说："如果用没有使用过的新绳子捆绑我，那就像捆一头羊一样了。"

◇泄露天机

难过美人关的大力士，因情惹祸，终于为此送命。这个故事告诫人们，要珍惜上天赋予我们的灵性，千万不要任意糟蹋。

这当然仍是一句谎话，然而非利士人不肯罢休，把许诺给大利拉的奖赏成倍增加。这天晚上，大利拉放出了万种风情，终于哄得参孙说出了他生命的全部秘密：“如果有人剃了我的头发，我的力气就离开我，我便软弱得跟常人一样了。”

这天晚上，大利拉趁着参孙醉酒之际，悄悄地剃掉了参孙的头发。第二天清晨，参孙从睡梦中醒来，忽然觉得浑身无力。他摸了摸头顶，发觉头发被人剃去了，他再也没有力气与非利士人抗争，就这样，大力士参孙被非利士人轻而易举地捆绑了起来。非利士人把他带回迦萨，残忍地剜去了他的双眼，铐住他的手脚，然后将他打入死牢。

然而非利士人忘记了一个事实，那就是剃去的头发终究是要重新长出来的。日子一天天过去，参孙的头发渐渐地长了起来，参孙也渐渐地恢复了他往日的力气。只是他失去了明亮的双眼，大力士再也不能像从前那样与敌人面对面地搏斗了。

处死参孙的日子到了，这一天，非利士人将参孙带到他们的神庙，准备将参孙献给他们的神，3000非利士人前来观看参孙的死刑。非利士人庆祝自己的胜利，他们饮酒作乐，载歌载舞。失去双眼的大力士被绑在神庙的一根石柱上，这时，参孙暗中向上帝祈求道：“万能的上帝耶和华，求您最后一次赐我力气，我要与这些非利士人同归于尽。”

话刚说完，参孙忽然感到浑身充满了力量。他大吼一声，发尽全力，撼动石柱，只听一声巨响，石柱裂断，神庙倾塌，就这样，大力士参孙与3000名非利士人一同被埋在神庙的废墟之下。

民女路得的故事

早殇的家庭

这一年，迦南发生了历史上罕见的大饥荒，大部分以色列人都逃难到很远的地方去了。在犹太人居住的伯利恒，一个叫利米勒的人同样也带着妻子和两个儿子逃荒到摩押地。利米勒的妻子叫拿俄米，两个儿子一个叫玛伦，一个叫基连。不久，利米勒终因劳累过度，在饥寒交迫中死去，留下拿俄米孤儿寡母艰难度日。好多年后，两个儿子终于相继长大成人，他们都娶了摩押女子为妻。这两个外族媳妇一个名叫俄珥巴，一个名叫路得，在乱世和饥荒中，一家五口艰难谋生，日子过得倒也勉强。然而灾难接踵而至，两个儿子婚后不久便相继逝世，现在，这不幸的家庭就只剩下一婆二媳三个寡妇了。

拿俄米悲叹自己的命运，只得又带着两个寡媳继续逃难。这天夜里，拿俄米一夜不眠，她想着自己的命运是何等悲苦，又想着两个儿媳比自己还要悲苦。便将两个儿媳叫到身边说："我们都是罪人，所以上帝才这样惩罚我们。我反正是老了，而你们还相当年轻，我不能总是让你们跟着我受苦受累。现在，就凭着你们的意愿各奔东西，自找出路去吧。"

两个儿媳当然都不肯离开婆母独自寻找活命，她们都表示，一辈子侍奉在婆母的身边，直到老去。

拿俄米说："你们曾是我的儿媳，但是，我的儿子们都死了，即使上帝让我再生两个儿子，你们也不能等到他们长大后再做他们的妻子吧。我不能耽误你们，你们还是寻找新的活路去吧。"

于是，大儿媳俄珥巴便与婆婆吻别，回摩押娘家去了。但小儿媳路得却怎么也不肯离开婆母，路得说："我们都走了，谁来照顾您呢？您现在年老体弱，正需要我们，我们怎么能扔下您不管呢？"

拿俄米再三地劝路得说："好孩子，你的心意我怎么不知道呢？但总不能因为我这快入土的老婆子而让你一辈子受苦啊。你还是离开我吧。否则，上帝也不会饶恕我。"

不管拿俄米怎样劝说，路得铁下心来跟婆母相依为命。拿俄米见路得如此真诚，便也只好让她跟着自己四处流浪。

路得拾穗

苦难的婆媳终于又回到了老家伯利恒，乡邻们都很惊讶，他们纷纷地说："可怜啊，拿俄米又回来了，可是丈夫和儿子都死在了路上，她只带了一个儿媳回来。"

拿俄米就对人们说："你们不要叫我拿俄米了，因为拿俄米是'甜'的意思；你们要叫我玛拉，因为玛拉是'苦'的意思。我是个有罪的人，所以上帝耶和华才降祸与我，让我的一家受这样的苦难。"

当时正值麦收时节，为了谋求一日三餐，路得不得不到人家的麦地里去拾收割时遗下的麦穗。有一天，她来到公公利米勒本族人波阿斯的田里，用心地拾着地上的麦穗，生怕遗漏下一粒半枝。波阿斯是伯利恒城中的一个地主，他家境不错，且有一颗善良的心。那一天他刚好到田间巡察，一眼就看到那个拾麦穗的年轻女人。

波阿斯问他的雇工："那拾麦穗的女子是谁？"

◇**路得拾穗**

路得孝敬的美德感动世人，受上帝祝福。后来路得按以色列的风俗嫁给了前夫的亲戚波阿斯，生了俄备得，俄备得生了耶西，耶西生了大卫。路得成了大卫的曾祖母。

雇工告诉他："她就是拿俄米带回来的儿媳妇路得。她的公公死了，丈夫也死了，她不得不靠拾麦穗养活婆母。所以，我们允许她在我们的地里拾些遗漏的麦穗。如果老爷您觉得这很不妥，我们马上让她离去行吗？"

波阿斯听了这番话非常感动，他对雇工们说："难得这个年轻女子这样贤惠，这年头这样贤惠的女子可不多得啊，你们要故意多撒一些麦穗在地里，好让她拾去养活婆婆。"

波阿斯又走过去对正在埋头拾麦穗的路得说："孩子，听我说，从今天开始，你不要到别人家的地里去拾麦穗，就到我的地里拾吧。你要是渴了的话，就到那边的水罐里去喝点水，等一会儿有人会送麦饼来，你就和我们一起吃吧。"

路得抬头看了看这个年长的主人，连忙俯伏在地，叩说："尊敬的主人，我是一个外邦人，怎么蒙你的恩这样体恤我呢？"

波阿斯回答说："你对你婆婆所做的一切，在这一带已尽人皆知了。愿上帝耶和华如你所愿赏赐于你，在上帝耶和华以及以色列神的翅膀下，愿你获得幸福。"

这时到了吃午饭的时候，波阿斯又叫路得过来跟他们一起吃。路得饿了，但她只掰了半块饼子，另一半征得主人的同意，她要带给家里的婆母。波阿斯大受感动，便叫她多拿些饼放在篮子里，好带回去孝敬婆母。

这一天路得收获太大了，回到家里，路得便把白天遇到的事情向婆母细细地说了。婆母拿俄米感叹说："波阿斯可是一个大好人，他还是我们本族的亲戚呢。"

携婆嫁人

就这样，路得每天都到波阿斯的地里拾麦穗，每天都有不错的收获。有一天，拿俄米忽然对路得说："孩子啊，我想我该给你找一个不错的人家了，你愿意吗？"

路得说："不是说好了吗，我一辈子侍奉你老人家。"

拿俄米说："如果有这样的人家，不仅能够娶你为妻，同时也能给我养老，又有什么不好的呢？"

路得听婆母这样一说，也就知道婆母的用意了。于是拿俄米继续说："波阿斯丧妻多年，正需要一个贤慧的妻子，你要是嫁给他，那是你一生的幸福。波阿斯每天晚上都住在麦场上。今天晚上你要洗沐干净，然后悄悄地走到他休息的地方，趁他睡着了，掀开他的被单，睡到他身边去。"

路得羞红着脸答应了。到了半夜，路得悄悄地来到麦场，轻轻地掀开波阿斯的被单，钻了进去。波阿斯在梦中闻到一股久违的暗香，一翻身，发现一个年轻的女子睡在身边，惊问道："你是谁？"只听得一个甜美的声音软软地回答说："尊

犹太教的婚礼

婚姻在犹太人中是一种神圣的制度，按照《圣经》旧约开头五卷的建议，把一个女人奉献给一个男人，有3种表示方式：一是通过赠送贵重的钱财或戒指；二是递送一份文书；三是双方亲密地同居一室。而今天，仅靠其中的一种方式是不够的，必须要将3个条件一起完成，才能达到目的。所以，正式的犹太婚礼一般分为3部分：1.新郎赠送新娘戒指；2.新郎向新娘递交婚姻契约；3.婚礼一结束，新郎和新娘一起走到附近的一间隐秘的房间内开解斋。

婚礼的最重要部分是送戒指，由两名证人作证，亲眼看到新郎在新娘的右手食指上带上一枚简单的金戒指。这时，新郎口中往往念念有词：看，按照摩西和以色列法律，你已经是我的人了。

敬的主人，我是您的婢女路得。求你用你的衣襟遮盖我，因为你是我一个至近的亲属。”

其实波阿斯在见到路得第一眼时就暗恋上了这个贤惠的女人，只是觉得自己与路得年龄悬殊，未敢轻易开口。但是波阿斯并不是一个苟且之人，他翻身而起，爱怜地说：“你是以色列少有的贤慧女子，我对你早就有意，但是，你我年龄悬殊，我总觉得此事不妥。我想着有一个人可能比我更适合做你的丈夫，那个人与你公公的家族更加至亲，明天我就去问问这事。如果你与他没有缘分，那就是上帝将你恩赐于我了。”

第二天，波阿斯找到那个亲戚，并当着10位长老的面说：“从摩押回来的寡妇拿俄米带着一个年轻的寡媳，现在没法活了，她要卖她丈夫名下的一块地。你愿意要吗？”

那个亲戚说：“我愿意要。”

波阿斯又说：“不过，你从拿俄米手中买这块地的时候，同时要明媒正娶替她儿子守寡的儿媳路得，你愿意吗？”

那人说：“我不愿意。”于是，波阿斯便当着10位长老的面，买下了拿俄米丈夫遗留下来的那块地，同时也作出决定，明媒正娶拿俄米的寡媳路得。

就这样，波阿斯不仅娶了路得为妻，同时也将拿俄米迎回家来悉心供养。不久，路得为波阿斯生下一个儿子，儿子取名俄备得。俄备得的孙子大卫后来成为以色列王，成了以色列伟大的民族英雄，此是后话。

先知撒母耳

上帝垂怜哈娜

以法莲人利加拿有两个妻子，一个名哈娜，一个叫毗尼拿。毗尼拿一连给丈夫生了两个儿女，尽管丈夫对哈娜更加宠爱，但哈娜却始终不能生育，为了这个，哈娜受尽了毗尼拿的虐待。这一天，丈夫宰杀了一头肥羊，在分肉时不知有心还是无意，竟然多给了哈娜两块，这件事在这个家里引起了轩然大波，醋意大发的毗尼拿觉得受到委屈，便将哈娜骂得狗血喷头，哈娜也只有躲在背地哭泣的份。哈娜觉得，如果再不生一个儿子，她在这个家里就真的无法生活下去了。于是，她来到上帝的神殿，开始向上帝祈求："万能的上帝耶和华啊，你若能赐我一个儿子，我必让他终身侍奉于您，不剃他的头发。"

◇哈娜得子

哈娜多年不生育，这在当时的社会里是一件极不光彩的事，因此哈娜很伤心，便向上帝求子。后来果然生下了一子，哈娜给他起名撒母耳，说："这是我从耶和华那里求来的，等孩子断了奶，我便带他去见耶和华，使他永远住在那里。"撒母耳是以色列民族史上的最后一位士师，是一位承先启后的人物。

大祭司兼士师以利看到这女人并不说话，只是嘴唇不停地动着，以为这个女人是个醉鬼，便前来责备她说："你这个醉鬼，怎么在上帝面前发酒疯呢？"

哈娜申辩说："我哪里喝过酒呢，我只是在默默地向上帝耶和华祈祷，愿上帝垂怜我，让我生下一个儿子。要知道，我要是再不生育，就活不下去了啊。”以利见哈娜那可怜的样子，便向她祝福说：“上帝一定会垂怜你，你会有自己的儿子的。”

说来也怪，当天晚上，哈娜在与丈夫欢娱的时候，立即就有了身孕。第二年就产下一个儿子，为他取名撒母耳。哈娜信守曾经在上帝面前的承诺，等到儿子长到 7 岁的时候，她将儿子撒母耳带到示罗，交给了大祭司兼士师以利，让儿子终身侍奉在上帝身旁。

从此以后，以利便成了撒母耳的教父。以利有两个儿子，但两个儿子都不成器，他们常常干出些恶作剧的事情，从而让人们对尊敬的大祭司以利也颇多微词。虽然以利对两个儿子恨铁不成钢，但也拿儿子们没有办法。因此，以利对撒母耳也就格外亲，甚至拿他当儿子看待。

谁在叫他的名字

在以利的教育下，撒母耳迅速成长，小小年纪就担任了祭司。有一天夜里，撒母耳正在休息，忽然听到有人在呼叫他的名字。他以为是以利在叫他，便走到以利的跟前说：“教父，是您在叫我吗？”

以利说：“我没有叫你，你去睡吧。”

然而一连三次，撒母耳都真真切切地听到有人在叫他的名字。当他第三次来到以利的跟前时，以利明白了，一定是上帝耶和华在叫他的教子，于是便说：“如果再听到叫你的名字，你就说：‘上帝耶和华呀，请您发话，您的仆人正洗耳恭听。’”

撒母耳回到房间睡下，一会儿，果然再次听到有人在叫他的名字，于是，撒母耳便说：“尊敬的主啊，万能的上帝，您的仆人在听您发话。”

这一次撒母耳听到上帝耶和华说：“以利知道自己儿子作孽却不忍心割爱，就等于纵容包庇。我要永远降罪于他的全家，无论以利奉献多少祭物也不能赎去这一罪恶。”

先知

上帝对某人发出了召唤，这个人听从了，并用言语和行动，有时是静默，将上帝的召唤传达给其他人，这个人便是先知。

第二天，以利问撒母耳：“撒母耳，昨天夜里耶和华对你说了些什么？”

撒母耳支支吾吾：“这……”

以利追问道："我是你的教父，你不能向我隐瞒，即使是上帝的声音，你也应当原原本本地告诉我。否则你会遭罪的。"撒母耳只好把一切都照实说了。以利听了这番活，立即浑身颤抖起来。但他也只好恭敬地说："只要是上帝耶和华的意旨，我也只能安然接受。"

那一年，以色列人与非利士人打仗，以色列人不战而败，非利士人杀了以色列士兵4000人。以色列人撤回营地，长老们开始总结战败的教训，有人提出，摩西和约书亚的时代，每次打仗，走在队伍最前面的都是上帝耶和华的圣体约柜，而现在我们却丢掉了这个传统，这难道不是我们失败的教训吗？这意见得到大多数长老们的认可，于是，长老们立即派人到首都示罗，将上帝的圣体约柜抬到了前线。

当圣体约柜抬到战场上时，全体将士同声发出欢呼，他们决心要与非利士人决一死战。这声音传到非利士人的军营里，非利士的将领们便鼓动将士们说："非利士人哪！你们如果不想做希伯来人的奴隶，就与他们勇敢地交战吧。胜利属于非利士人。"

然而上帝却并没有垂怜以色列人，这一次交战，以色列人败得更惨，祭司兼士师以利以及他的两个儿子都在这次的战斗中阵亡了。最令以色列人痛心疾首的是，耶和华的约柜竟然在混战中被非利士人掠抢走了。

那一天，以利的儿媳正临盆生产，听到战败的消息，又听说丈夫和公公相继身亡，当即惊吓而死。以利作以色列士师的时代就这样结束了。

神奇的约柜回来了

以利的时代结束后，撒母耳继承了大祭司和士师的职位。然而，上帝既然决定了以色列人的苦难，无论什么人，无论什么力量也无法挽回这一命运的安排。以色列人在战场上节节败退，非利士人长驱直入，迅速占领了以法莲部落的全部领地，他们的铁蹄无情地将以色列的宗教政治中心示罗踏为废墟，示罗神殿也在大火中化为灰烬。

然而上帝是不可污的，奇怪的事情发生在非利士人占领示罗不久的一天。那天清晨，当一名非利士人走进他们存放约柜的神庙时，忽然看见非利士人崇拜的神像跪在上帝的约柜前。这名非利士人以为是自己看花了眼，然而，当第二名、第三名甚至更多的非利士人走进神庙里，他们所看到的情景同样如此，非利士人崇拜的神像跪在上帝的约柜前。非利士人在惊骇之余，连忙将他们的神扶回到原先

◇约柜及圣典

的位置，然而不可思议的是，到了第二天，当他们走进神庙准备大祭时，昨天的情景再次出现：非利士人崇拜的神像跪在上帝的约柜前，而且神像的头和胳膊都已折断。

非利士人知道，灾难即将降临整个非利士，他们一个个惶惶不可终日。果然，不久，非利士人的土地上鼠疫盛行，大人小孩都生了痔疮。惊慌的非利士头领连忙召开会议商议说："看来以色列上帝的圣体约柜我们不能侵占，应当将它归还以色列。"首领们一致同意这一意见，为了表达非利士人对上帝的虔诚，他们将约柜放到一辆刚刚造好的新车上，再套上两头健壮的母牛，同时又铸造了 5 个金痔疮像、5 个金鼠像作为赔罪的礼品。于是，那两头健壮的母牛像是早就熟悉了那条通往以色列的大道，它们不用人的驱驶，沿着大道一直往前走着，一直走到了以色列人中间。

以色列人看到上帝的约柜自动地回到自己的身边，无数的人聚集在上帝的约柜前，他们欢呼着，跳跃着，感恩于上帝的造福，欢庆自己的胜利。

后来，约柜被运到基列耶琳，放在山上亚比拿达的家中，由他的儿子以利亚撒看守，约柜在这里停放了很多年，直到大卫王把约柜迁移到耶路撒冷为止。

犹太人渴盼国王

圣体约柜失而复得的消息，振奋了所有以色列人的斗志，同时也给撒母耳收复以色列领土增加了信心。自从首都示罗陷落之后，撒母耳就把以色列人的首都建在米斯巴，自己则住在老家拉玛。他在拉玛为上帝耶和华筑了一座庄重的圣坛，他开始意识到，没有统一的信仰，没有自己的文化，是以色列人这些年来一直失败的最根本的原因。撒母耳每年都要到伯特利、吉甲、米斯巴几个城市举办演讲，他号召以色列人以上帝的名义团结起来，卧薪尝胆，励精图治，为以色列人的重新解放作出新的努力。

在这大敌当前、民族存亡的时刻，以色列人终于认识到统一信仰、统一文化的重要性。他们除掉了巴力和亚斯他录诸神，专一地侍奉于耶和华。不久，以色列人的精神为之一振。那一年，撒母耳召集以色列长老在米斯巴举行大祭，非利士人趁机前来攻打米斯巴，想把以色列的精英一举消灭。撒母耳领导以色列人英勇地迎战非利士人。当战争打响之际，天上忽然雷鸣电闪，非利士人惊恐万状，以色列人乘胜追击，撒母耳趁机收复了大片领土。

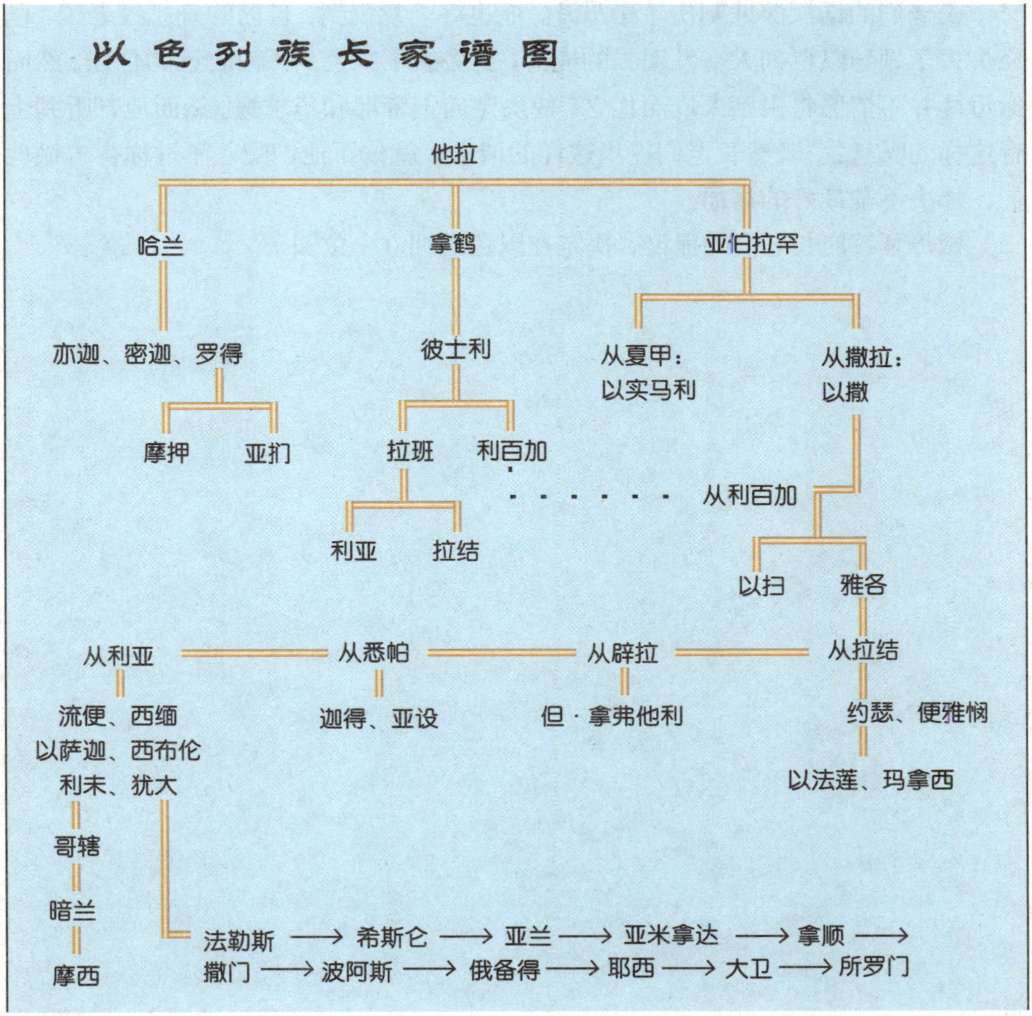

为了有效地争取有生力量，撒母耳还与摩押人建立了睦邻友好关系，以共同对付非利士人。终于，撒母耳把以色列人领上了统一和复兴的大道，他在以色列人民心中树立起崇高的威望。

撒母耳老后，按照传统，立长子约珥为士师，然而他的两个儿子都不争气，他们贪财图利，收受贿赂，屈枉正直，老百姓对撒母耳家族大失所望，他们盼望着有一位新的领袖来带领他们走向自由和解放。

以色列各族的长老都聚集起来，来到拉玛会见撒母耳。长老们说："尊敬的撒母耳王，您曾领导我们打败了非利士人的侵略，你的功德比天还高，比水还长。可是，如今您年事已高，您的儿子又不行正道，现在，我们以上帝的名义，请求您为我们立一个新的国王，从而能够帮助您治理以色列国家。"

长老们的话深深地刺伤了撒母耳，他也终于意识到，自己的确已经老了，已经失去了领导以色列人奋发图强的能力，更失去了以色列人对自己的信任。然而撒母耳并不情愿将由别人取而代之，他决定向上帝耶和华求援。然而他却听到上帝这样的叹息："既然长老们提出这样的请求，就依了他们吧。不过你得告诫他们，那决不是最好的结局。"

撒母耳答应长老们的提议，决定在以色列拥立一位国王。

以色列第一代君王扫罗

找驴子的人是君王

撒母耳开始了为以色列寻找第一代君王的工作。这第一代君王究竟为谁，让我们先从一头走失的驴子说起。

在以色列有一个最小的支派便雅悯，便雅悯有一个很小的地主名基士，基士最小的儿子扫罗自幼帮助父亲放牧，难得的是他力大无穷，且又生得十分俊美，受到父亲的喜爱。有一天，扫罗家不小心走失了一头驴，父亲基士就吩咐他的小儿子扫罗说："咱们家丢失了一头驴子，你赶紧带几个仆人去将它找回来吧。去吧孩子，上帝会赐你好运的。"

于是，少年扫罗就带着几个仆人出门寻找驴子去了。他们走过以法莲山地，又走过沙利沙地，他们寻遍沙琳、踏过便雅悯苏弗山地，一连半个月过去了，仍然不见驴子的踪影。扫罗有些不耐烦了，他对仆人说："看来驴子是找不着了，我们还是回去吧，要不然父亲又要派人出门寻找他的小儿子了。"

仆人觉得主人交代的任务没有完成，总是不好，忽然说："听说这城里有一个先知，不如我们去找找他吧，或许他能帮我们找回走失的驴子。"

扫罗觉得不妨试试，于是一行人便来到城门外。在这里他们遇到几个打水的姑娘，扫罗便问那几位姑娘说："可爱的姑娘们，听说这城里有一位先知，我有一件急事需要向他请教，你们知道他在哪儿吗？"

姑娘们告诉他说："你们今天来得正好，等一会儿，城里的居民要举行大祭，那高坐在祭坛上为上帝举行祭祀的人就是你们要找的人。"

扫罗与仆人走进城里，果然看到他们平生难得一见的对上帝的大祭。而那高坐于法座上的，正是在以色列曾闻名遐迩的过时英雄撒母耳。奇怪的是，当扫罗一走进神圣的祭坛，他的眼光便立即与撒母耳奇妙地相碰，与此同时，撒母耳听到上帝在他的耳畔说道："看哪，那风尘仆仆的英俊少年，就是未来的以色列第一代君王。"

也就在这时，扫罗走向撒母耳说："尊敬的长者，请问你果真能未卜先知吗？我们家的驴走失了，能告诉我们，那头笨驴现在到底是在哪儿？"

撒母耳看了看他说："别再为一头笨驴发愁了，要知道，我正在为寻找以色列第一代君王而愁肠百结呢！既然你在这一刻走向我，那么，以色列第一代君王就是你了。"

扫罗以为撒母耳是在同他开玩笑，他后退着，准备离去。然而撒母耳却一把抓住了他，说："别走，小伙子，上帝让你做以色列国王，难道你不愿意吗？"

扫罗是知道整个以色列都在为寻找新的国王而发愁这件事的，但是，他怎么也不会想到，这个以色列最幸运的人会是自己。他挣脱了撒母耳说："别开玩笑了，我只是一个牧民，而且我的籍贯是以色列支派中最小的便雅悯，我家又是便雅悯支派中最小的家族，这怎么可能呢？"

撒母耳笑了笑说："这是上帝的旨意，你敢违抗吗？"

撒母耳不由分说地将扫罗拉进了殿堂，然后大声地吩咐厨役说："把我早就让你们储藏的那一份祭肉拿出来吧，准备大摆宴席，以色列有了第一代君王了。"接着，撒母耳当着在场的所有以色列长老的面，将少年扫罗推上了今天的主席。扫罗在懵懵懂懂之中不知所以，他环视四周，不知道这到底是在梦中还是一个真实的世界。

扫罗王加冕

第二天清晨，撒母耳一直把扫罗送到城门边上，撒母耳对扫罗说："让你的仆人先行一步，现在，我要将上帝的密旨转告于你。"

仆人走远了。撒母耳就拿瓶膏油涂在扫罗头上，与他亲吻，说："你今与我离别，义无反顾地往前走去，在一片墓地旁，你将会遇见两个人，他们将告诉你，丢失的驴已经找到，现在你父亲正在盼你回去。再往前走，在一片橡树林里，你会遇到3个准备去拜神的人，其中一人牵着3只羊羔，一人带着3块无酵饼，一人带着一皮袋葡萄酒。当他们遇到你时，必会问你，而且会送你两块无酵饼，你不要客气，就从他们手中接过来。此后，你会遇见一个鼓乐队，他们中间有吹瑟的，有击鼓的，有吹笛的，有弹琴的，我要告诉你，这是一群真王的智者，他们能够未卜先知，你且与他们一道说笑唱跳。然后，你就赶到吉甲那地方，向上帝献上燔祭和平安祭。你在那里等候7天，听我的进一步安排。"

为第一代以色列国王所举行的仪式就这样简单而秘密地完成了。果然，一切如撒母耳所预言的一样，扫罗先是在拉结的坟墓旁遇见两个人，这两个人告诉扫罗说，你快回家去吧，走失的驴早在3天前已经找到，你父亲正为你的走失而焦急呢。当扫罗继续往前走时，在一片橡树林里，扫罗遇见3个准备去拜神的人，他接受了其中一人的两块无酵饼，继续往前走去。又过了一会儿，扫罗在路上遇到一群鼓乐队，他知道，这些人都是以色列境内有名的智者和圣人，于是，扫罗便加入他们的行列，并与他们一起唱歌跳舞。走过一处处城市，走过一座座乡村，一些认识扫罗的人便奇怪地问道："那不是基士的儿子么？怎么，扫罗也列入先知们中间了吗？"后来，"扫罗也列在先知中吗"竟成了以色列人的一句口头禅，表示

◇献燔祭

燔祭是献祭的一种。献祭通常分为燔祭、素祭、平安祭、赎罪祭、赎愆祭五种，所献的祭物都不相同。燔祭必须全部献上，素祭则不可加蜜、加酵。这些细节看似琐碎，其实都有丰富的内涵。

对某人突然之间改变了自己的形象感到惊讶。

为了确保新国王的公正性和合法性，撒母耳还是决定以选举的形式将国王公诸于世。他让各支派宗族各派一名代表站到耶和华的约柜前来，隆重的仪式结束后，撒母耳就当着众人，在他们面前举行抽签仪式。撒母耳这第一签就抽到了扫罗所属的便雅悯支派，第二签，又如愿抽到扫罗所在的便雅悯支派中的玛特利族。一支接一支的神签，完全是上帝的大手在做着精心的安排，当最后一签抽出之后，撒母耳当着大家的面把那支神签亮给了众人，于是，撒母耳大声地念道："以色列第一代君王为：便雅悯支派玛特利族牧民基士的儿子扫罗！"

以色列人民应声山呼："扫罗王万岁！""以色列万岁，万万岁！"

葡萄酒的酿制

《圣经》中至少521次提到葡萄酒及葡萄园。多数历史学家都认为波斯（即伊朗）是世界上最早酿造葡萄酒的国家。传说古代有一位波斯国王，爱吃葡萄，曾将葡萄压紧保藏在一个大陶罐里，防人偷吃。等到数天以后，一个妃子对生活发生了厌倦，擅自饮用了陶罐内的饮料，滋味非常美好，非但没结束自己的生命，反而异常的兴奋，这个妃子又对生活充满了信心。她盛了一杯专门呈送给国王，国王饮后也十分欣赏。自此以后，国王颁布了命令，专门收藏成熟的葡萄，压紧盛在容器内进行发酵，以便得到葡萄酒。随着古代的战争和商业活动，葡萄酒酿造的方法传遍了以色列、叙利亚、小亚细亚等阿拉伯国家。

一夜成英雄

扫罗虽然登基为国王，却并没有行使权力。他回到自己的家乡，一如既往地帮助父亲料理农事。几年以后，扫罗结婚生子，又过了一些年，扫罗的三子二女也相继长大成人。值得安慰的是，扫罗的大儿子约拿单继承了父亲的血统，生得威猛高大，成了父亲的好帮手。除此之外，生活就像约旦河里的流水，没有丝毫的改变。

这一年，亚扪人又开始了新的挑衅，妄图攻占约旦河东岸的基列山区的以色列城市雅比，扬言要踏平雅比，杀光所有以色列人。雅比人自知无力对抗，就推举长老出城与亚扪人讲和。

亚扪人的首领拿辖根本不把雅比人放在眼里，依仗着自己的强大，拿辖认为拿下雅比就好比是囊中探物，于是便高傲地说："你们若让我们剜出所有以色列人的右眼，我就与你们立约讲和。"

长老们受辱而归，雅比的百姓预知末日的来临，纷纷大哭起来。恰在这时，扫罗从外地回来，见此情景便问："究竟发生了什么事呢？"

有人便将长老们去向亚扪人求和而遭到凌辱的事说了一遍，扫罗听罢，挥舞着长刀，恨不得立即杀向亚扪人的营地。扫罗当即将家中的牛杀了，大卸八块，让人送给以色列8个教派，扫罗说："扫罗决心杀敌护国，凡贪生怕死者，罪同此牛。"

以色列人为扫罗的精神所感动，纷纷聚到扫罗的旗下，几天后就有了30万人。扫罗一边让长老们继续去与亚扪人求和，一边在暗地里做着精心的准备。几位长老再次来到亚扪人的营地求见拿辖，长老们说："整个以色列没有一人敢与贵军作战，以色列就只好归顺你们了。"

就在第二天凌晨，扫罗将自己的人马分为三队，趁着亚扪人准备欢庆胜利的时刻突然杀向亚扪人的营地。毫无防备的亚扪人死的死、伤的伤，其余者则四散奔逃，以色列人获得全线胜利，扫罗在一夜之间成了以色列的英雄。

雅比大捷后，撒母耳在吉甲再次召开全民大会，正式推举扫罗为以色列国王。

扫罗行大祭

雅比大捷奠定了扫罗在以色列人中的崇高威望。亚扪人被击退之后，扫罗留下3000人的精锐之师作为以色列的军队，其中的2000人归自己指挥，余下的1000人则归在这次大战中立下战功的儿子约拿单麾下。乘着雅比胜利的余威，扫罗命令约拿单率领这1000人前去攻打基比亚附近长期与以色列为敌的非利士人。约拿单不负众望，把占领那里的非利士人打得丢盔弃甲，落荒而逃，约拿单很快就收复了迦巴沿线。胜利的捷报风驰电掣般地传遍以色列，在扫罗的号召下，以色列人起义的风暴如燎原之火，迅速在被占领的敌后蔓延开来。

战场上遭到攻击，被占领地区以色列人的反抗怒火风起云涌，面对如此形势，非利士人意识到，如果不调动所有的力量对以色列人进行必要的打击，后果将不堪设想。他们联合了先前失败的亚扪人，调动了3万辆战车和6000骑兵，像蝗虫一般向以色列人扑来。

虽然在战场上取得接连的胜利，但以色列兵力显然不足，而且装备也极其简陋，他们手中拿着锄头和三齿叉等农机具去与武装到牙齿的非利士人作战，靠的就是一股士气。然而要取得战争的最后胜利，仅仅依靠士气是不足的。于是，当非利士人大军压境之时，以色列人终于开始节节败退。被打散的以色列人藏进了山洞里，躲进了丛林、石穴下和土坑里；有的甚至渡过了约旦河，逃到迦得和基列等地，扫罗带着不到1000人的精锐之师苦苦坚守。在这个时候，扫罗多么希望撒母耳带人前来增援，士兵又是多么需要撒母耳及早来向耶和华献祭，从而鼓舞士兵的士气。

约定的时间过去了，士兵们仍然不见撒母耳踪影。以色列部队的军心开始动摇，开小差的越来越多，扫罗的身边最后只剩下600名忠勇之士了。军情十万火急，如果再不举行战前祭祀，稳定军心，后果不堪设想。在这种情况下，扫罗只好冒着触犯大祭司的危险，自行向耶和华举行大祭。

然而祭祀刚刚结束，撒母耳就到了。见到扫罗自行举行了大祭，撒母耳感到自己的权力受到极大的挑战，他很不高兴地说："你怎么可以自行举行大祭呢，这是你的权力吗？"

扫罗说："7天早就过去了，你迟迟不来，眼看着非利士人就要向吉甲进军了，为了稳定军心，我是迫不得已啊。"

撒母耳说："你违背了上帝耶和华的旨意，你将受到上帝的谴责，你的王位必将不保。上帝一定会重新选择其他的人取而代之。"撒母耳说着就转身去基比亚了，连吉甲的大营都没有进。

撒母耳与扫罗决裂

非利士人虽然被扫罗赶出了国门，并不说明以色列就此太平。

多灾多难的以色列内忧外患，时刻都处在危险的边缘。在当时，除了时时与以色列作对的非利士人，对以色列构成威胁的还有住在西奈山和迦南之间广阔土地上的亚玛力人。亚玛力人经常成群结队地到迦南南部地区烧杀抢掠，为了以色列，扫罗决心与亚玛力人决一死战。

在亚玛力人的都城外的一片河谷地带，扫罗的20万大军与亚玛力进行了一场殊死的交战，从而大败亚玛力人。虽然扫罗取得了战场上的辉煌胜利，但他却未能得到撒母耳的嘉奖，相反，撒母耳利用扫罗未能按照撒母耳的命令而私自保留了亚玛力人的部分牛羊，以及他因为欣赏亚甲王的坚强不屈，竟赐以活命等事，欲对扫罗王军法论处。

这一天，撒母耳以大祭司的身份来前线视察，扫罗知道凶多吉少，但他还是恭敬地迎接撒母耳的到来。看到帐外到处都是扫罗从敌营处缴获来的牛羊，撒母耳心中不悦，明知故问道："军营中为什么到处都能听到牛羊的叫声？这些牛羊是从哪里得到的呢？"

扫罗只好说，这些牛羊是从敌营中俘获而来。撒母耳说："你公然违反军纪，私自留下敌营的牛羊，你知罪吗？"

扫罗说："虽然是违反了军纪，但是，我的将士总该及时地得到补给，否则，他们怎么去战场上与敌人拼杀呢？再说，我要为耶和华献祭，没有牛羊，我拿什么献给上帝呢？"

撒母耳气愤地说："虽然你振振有词，但是，因此就能够违背耶和华的意旨吗？"撒母耳说着，扭转身气愤得就要离去。

◇违旨杀俘

撒母耳以主的名义命令以色列王扫罗惩罚亚玛力人，因为当以色列人从埃及出来的时候曾被他们的祖先压迫，撒母耳在祭坛前把亚甲杀了，再分尸。

扫罗急了，他知道，撒母耳来到前线而不入他的大营，这件事如果传出去，将会大大地损毁他在全军将士面前的威望。扫罗上前拉住撒母耳说："我知罪了，看在上帝的份上，大祭司请进我的大营歇息歇息吧。"

撒母耳知道现在还不是公开与扫罗决裂的时候，于是便勉强走进扫罗的军营。

撒母耳让人将扫罗曾经赦免的敌方首领亚甲王带上来，撒母耳说："对于像你这样双手沾满以色列人鲜血的家伙，饶恕你就是对上帝的不敬。"撒母耳当场宣判了亚甲的死刑，并在上帝的约柜前亲自杀死了亚甲王。

处理完这一切，撒母耳就匆匆回到拉玛琐非，再也没有同扫罗见面。不久，他放出风来说，他不该立扫罗为王，耶和华也后悔立扫罗为王。

撒母耳开始紧锣密鼓地物色新的国王以代替扫罗。这一天，他来到伯利恒这地方，伯利恒的长老对撒母耳同扫罗决裂一事有所风闻，但因慑于扫罗的威望，所以对撒母耳的到来小心翼翼。他们战战兢兢问道："大祭司是为平安来的吗？"

撒母耳说："我是为平安而来的，我是来给耶和华献祭的。"

那天来参加献祭仪式的人很多，其中的那西是犹大支派的一位小首领，那西带着他的7个儿子一起来参加为耶和华的献祭。撒母耳一眼就看到那西的大儿子，那个高大英俊的年轻人以利押，然而他听到上帝的声音在说："耶和华喜欢看一个人的内心，而不是他的外表。"于是撒母耳便将他的眼光注意到那西的其他几位儿

◇撒母耳显圣

扫罗被战败折磨得焦头烂额，尽管内心对上帝的安排不满，但不得不跪下来求撒母耳给予明示。黑夜的幻影迷漫于画面，回荡着撒母耳庄严而坚定的声音。

子的身上。这时他又听到耶和华在他的耳边说：“这几个孩子都不是我要寻找的人选。”

撒母耳说：“那西，你就这7个儿子吗？”

那西说：“还有最小的儿子没有来。他现在正在山坡上放羊呢。”

撒母耳急切他说：“你赶快打发人把他叫回来，耶和华很想见他。”

听说耶和华想见自己最小的儿子，那西立即差人将他的小儿子从山坡上找了来，撒母耳这时便听到耶和华的声音在说：“就是他，以色列的第二代国王非他莫属了。”

撒母耳不再犹豫，连忙从牛角里倒出膏油抹在那西最小的孩子大卫的前额上。谁也不知道撒母耳内心的寓意，包括那西以及那西的这个最小的儿子。这一刻，以色列的第一代国王扫罗正在前线与敌人浴血奋战，他又怎么会想到，在伯利恒，一场王位继承人的仪式已经在撒母耳的主持下秘密完成了呢。

现在，整个以色列都知道，扫罗作为第一代以色列王的日子就要结束了。这消息几乎每天都被人用各种形式传送到扫罗这里，扫罗心中十分郁闷。他希望能借助音乐来排解心中的郁闷，一天，有人向扫罗报告说：“伯利恒这地方有一位少年竖琴手，他的音乐美妙至极。”于是，扫罗连忙让人去伯利恒寻找这位少年竖琴手。

扫罗决不会想到，那位少年竖琴手就是撒母耳为他寻找的新的接班人，以色列的第二代国王大卫。

以色列第二代君王大卫

少年竖琴手战胜强敌

差役带着扫罗的命令来到伯利恒，找到了大卫的父亲耶西。差役说："听说你的小儿子是一位竖琴手，请让他为扫罗王奏一支曲子好吗？"

扫罗非常喜欢少年大卫以及大卫的音乐，大卫的音乐果然为走入末路的扫罗排解了许多的忧愁。不久，大卫成了扫罗的侍卫，扫罗还封他为王家乐师，让他享受很高的待遇。

虽然大卫在扫罗门下担任着重要的职务，但是，农忙的时节，扫罗还是允许大卫回到自己父亲的身边，帮助父亲料理农活。那一年，遭到重创却并未被彻底打垮的非利士人东山再起，他们屯兵在梭哥沿线。扫罗不敢懈怠，他将以色列军队聚集在以拉谷一带，摆开阵势，要与非利士人决一死战。

一场生死交战终于拉开了帷幕，非利士人首先派出一个叫歌利亚的人上前叫阵，此人身高近2米，虎背熊腰，声音宏亮，只见他头戴铜盔，身穿铠甲，手执碗口粗的一根铜戟，面对以色列人的阵营高声叫骂道："胆小怕死的以色列人，赶快出来送死吧。我现在单枪匹马，你们有种的也派出一个人来与我单独交手，他若赢了，我情愿做他的仆人，我若将他杀死，全体以色列人都得做我的仆人。"

然而尽管歌利亚叫骂了半天，以色列阵营中竟没有一人敢出来与他交战。扫罗传令说：如有能战胜歌利亚者，除重金嘉奖外，免其10年赋税，本人愿嫁长女与他为妻。

然而几天过去了，以色列人只能听凭那个巨人歌利亚轻薄的叫骂声，依然没有人敢出面与他交手。

再说那西8个儿子中有3个在扫罗军中服兵役，只有小儿子大卫这阵子因扫罗打仗，无暇听他的竖琴声而暂时在家放羊。这一天，放羊的少年大卫赶着一群羊来到两军交战的那片地带，于是就目睹了以色列人软包的一面，少年大卫大叫道："歌利亚，我要宰了你！"

大卫的长兄以利押看到弟弟要冲上前去与歌利亚拼命，连忙将弟弟拉到后方，并且大声地斥责他说："这是战场，是你这孩子来玩的地方吗？赶紧给我回去。"

大卫挣脱了哥哥，他跑到帐前面见扫罗说："陛下，其实那个非利士人并不可怕。您的仆人我愿意出去试试。"

扫罗说："这一会儿我无心听琴，你回家去吧。你还小，不能与他对阵。他可是从小在沙场上锻炼出来的老将了。"

大卫说："请相信我陛下，您的仆人曾空手擒获过一只野熊，打死过一头狮子。对于像歌利亚这样的敌手，难道歌利亚比狮子还凶猛，比野熊还可怕吗？"

扫罗终于同意让少年天才去与歌利亚交战："去吧孩子，耶和华与你同在。"扫罗把自己的战袍拿出来给大卫穿上，将铜盔给他戴上，又将自己的武器交到大卫

◇**大卫为扫罗弹琴**

伯利恒英俊少年为扫罗驱走烦恼带来欢乐，然而这并不是他的全部才华，也不是他来此世上的使命。

的手中。但大卫最终还是脱下了这一切，他觉得穿上这些很不习惯。他仍然穿上平常的衣服，拿着一把平常的弹弓，就走上了战场。

歌利亚在阵前一连骂了40多天，始终不见一个以色列人走上阵来，现在，他终于看到有人从以色列的阵中向他走来，让他意想不到的是，来者却是一个清秀少年。

歌利亚不禁大笑："哈哈！孩子，你拿着弹弓来干什么，这儿可不是儿童的游乐场。"

大卫也不说话，他从地上捡起一块石子搭上了弹弓。只听"嗖"的一声响，一道灰影闪过，卵石正好打中歌利亚头盔下的印堂，打破了歌利亚的脑颅，歌利亚顿时血流满地，倒地而死。非利士兵们见主帅阵亡，慌忙向自己的阵地逃窜而去。

大卫趁机跑过去，用歌利亚的战刀割下歌利亚那颗硕大的头颅。

大卫从此一举成名。

新英雄大卫遭嫉

大卫成了以色列新的英雄，他每到一座城市，都会有无数的崇拜者围在他的身旁。姑娘们纷纷向他献花献媚，人们簇拥着他，高呼着欢呼的口号，载歌载舞，为他的到来而欢欣鼓舞。渐渐的，人们似乎把以色列昔日的英雄扫罗忘了。

一种失落感像影子一样追随着扫罗，他开始意识到，少年大卫的出现，预示着扫罗时代的结束。再加上不断传来的关于撒母耳另立新王的风言风语，扫罗再也受不住这连番的打击，他开始常常彻夜不眠，大白天竟会迷迷糊糊地说起了梦话。

大卫对这一切浑然不觉，他仍像从前一样，没事时就坐在扫罗的身旁为他弹琴。可是，突然间，扫罗跳起来，夺过他的竖琴，扔出帐外。等到意识到自己的失态，扫罗便又赶紧去向大卫道歉，弄得大卫不知所以。

虽然这样，扫罗还是根据大卫的战功，提拔他当了千夫长，少年大卫成了以色列历史上最年轻的高级军官。

大卫声名日隆，越来越受百姓的拥戴。与此同时，扫罗对大卫的嫉妒也越来越深。碍于撒母耳的情面，他不敢公开加害大卫，便暗设圈套，借刀杀人，要用非利士人的手杀死政敌。

◇年轻的大卫

尽管大卫只能拉弹弓，但如我们所知，他已经战胜了对手，歌利亚的头被他扔在脚下。

当扫罗得知大卫正与自己的小女儿米甲相恋时，便对大卫说："如果你想娶我的女儿，必须要取100个非利士人的包皮作为求婚的礼物。"

让他意想不到的是，大卫果然杀死了100个非利士人，割取了他们的包皮献给了扫罗。扫罗不得不把小女儿米甲许给了大卫，但在心里对大卫更加嫉恨。

尽管扫罗一心要除掉大卫，但扫罗的长子约拿单却与大卫的友情有增无减。一次，扫罗派了心腹，要去大卫家暗杀大卫。这消息被约拿单知道了，约拿单连夜让人火急传信给大卫，让大卫赶紧逃走。当刺杀大卫的士兵们来到大卫的家时，却看见大卫的妻子米甲独自在家，大卫的床上似乎是躺着一个人，那人的身上用一床被子裹得严严实实。米甲说："大卫病了，对病人你们也不肯放过吗？"

当士兵回来向扫罗汇报后，扫罗大骂道："给我连人带床一齐抬来。"

士兵们第二次来到大卫的家里，当他们遵照扫罗的命令将大卫连人带床一起抬到扫罗帐内时，却见那床上躺着一尊神像。扫罗气得口吐白沫，他责问女儿道："你为什么要帮助我的仇敌逃走呢，你还算是我的女儿吗？"

米甲说："大卫能力敌千军，他要逃走，还需我的帮助吗？"扫罗也就无话可说。

大卫逃出家门后，立即前去寻找撒母耳，大卫将扫罗对他如何嫉恨，以至于发展到要除掉他而后快的过程详细地向撒母耳述说了一遍，撒母耳说："你不要怕，你就住在这里吧，量他也没有办法到我这里刺杀你。"

大卫逃走后，扫罗又大病了一场。等到病情稍好，扫罗召集将领们开会议事，其中就提到如何除掉大卫的事。扫罗的长子约拿单出于义愤，站起来说："为什么要杀掉英雄？难道我们还欢迎非利士人前来践踏我们的领土，让非利士人再来杀死我们的兄弟姐妹吗？"

话音未落，扫罗勃然大怒，他拍着桌子大骂长子说：“你这个逆子，不除掉大卫，还会有我们父子的生路吗？不除掉大卫，将来你能接替我来做以色列王吗？”

约拿单还要替大卫申辩，扫罗一怒之下，抓过卫兵的长枪就向长子刺去。父子从此反目。

大卫沦落为绿林

大卫在妻子米甲的帮助下逃出家门，然而扫罗并不放过他，仍在不断地派出重兵追杀他，妄图置他于死地而后快。大卫逃到挪伯，投奔到祭司亚希米勒门下。亚希米勒是以色列人的先驱以利的重孙，大卫以为他一定会在这个时候帮他一把。然而亚希米勒胆小怕事，以种种借口拒绝收留大卫。他故意问道：“你怎么独自跑到这里，你的侍卫和随从呢？”

大卫回答：“扫罗王派我执行一项秘密任务，所以就没带侍卫和随从。我饿了，给我拿几块饼吧。”

亚希米勒很不情愿地说：“我这里没有普通的饼，只有圣饼。圣饼只能送给没有结过婚的童男子，而你已与扫罗王的女儿米甲结过婚了，我怎么好给你呢？”

大卫知道亚希米勒是在搪塞他，便说：“虽然我已不是童男子了，但我不亲女色已经多日，更何况今天也不是主日。”

亚希米勒不好再拒绝他，只好从上帝的圣坛上取下5块圣饼给了大卫，希望他早些离去，免得会给自己带来杀身之祸。

大卫不想再连累这个胆小鬼，他将5块圣饼狼吞虎咽下去之后，又向亚希米勒说：“我在过一条河时不慎把随身的武器掉到了河里，想借你的武器做防卫之用。”

祭司说道：“你在以拉谷杀非利士人歌利亚的那把刀还在这里了，你自己去取吧。”

大卫说：“这刀是无可比拟的，就请赏赐给我吧。”于是，大卫从圣坛上又取下几块圣饼，连同那把著名的战刀也一并带着上路了。他逃到迦特，这是非利士人的地盘，大卫料定扫罗不会追到这里，但是，他很快就被非利士人认出了，人们知道这就是那位杀死他们的大将歌利亚的以色列少年英雄，于是便趁着大卫睡熟之机，将他捆绑了，送到他们的首领亚吉那里。

大卫于是装疯卖傻，他胡乱地唱歌，扭着身子跳舞，鼻涕都流到胡子上去了。亚吉看到大卫这副模样，就骂他的下属说："你们这群混蛋，怎么把个疯子弄到我这里了？还不赶快把他赶出去！"

大卫离开迦特，躲进了一处山洞里，但人们还是认出他就是以色列的英雄大卫，大家都不明白这位曾经叱咤风云的人物怎么会落到这般境地，一些三教九流的人物倒是聚集到他的山洞里，推举他做山大王，于是，大卫就做起了绿林好汉，带着一帮人干起了打家劫舍的勾当。有人劝大卫说："你力敌千夫，而扫罗已经老了，你难道就对付不了他吗？"

大卫说："扫罗毕竟是以色列王，我不能这样和他对着干，更不能对他动用杀机。我相信我们会有和解的一天，到那时，扫罗王终会理解我的。"

扫罗的忏悔

一天，扫罗追杀大卫到拉玛这地方，中午，扫罗累了，他坐在大树下休息，让他的手下向他宣誓效忠。他对大家说，大卫是我的心腹之患，我不除掉大卫，此心不甘。这时，有人告诉扫罗说，他曾看见耶西的那个小儿子大卫去找过亚希米

◇追杀大卫
扫罗一味追杀大卫，然而他将为这膨胀的嫉妒付出沉重的代价。

勒，亚希米勒不仅给了大卫圣饼，而且还送给大卫一把战刀。

扫罗听罢大怒，他没想到自己的祭司也与大卫一个鼻孔出气，他们沆瀣一气，专门与我扫罗王作对啊。扫罗连夜下令把亚希米勒全家和他父亲捉来问斩。然而没有一个人敢用自己的双手沾上祭司的血，谁也不肯动手去杀祭司亚希米勒以及他的一家。扫罗又命令他的副手多益去杀亚希米勒一家，于是多益带着一伙人冲进城里，结果把城中所有的祭司全杀了。多益接着又把全城男女老幼杀得一个不剩。只有一人死里逃生，那就是亚希米勒的儿子亚比亚他。他连夜逃到大卫那里，后来成为大卫的忠实助手。

在很长一段时间里，大卫带领这群乌合之众，转战于丛林山间，专靠袭击非利士人，抢夺他们的牛羊财物来补充给养。在这期间，大卫一边要与非利士人作战，把非利士人一次次地赶出被他们侵占的以色列领土，一边还要防备扫罗的明追暗杀。就这样，大卫一次次成功地从扫罗的眼皮子底下逃脱，弄得扫罗筋疲力尽。

有一次，扫罗得到情报，说大卫此刻正在基底的一座山头上休息，扫罗就调集了3000名精兵，把大卫隐藏的山头包围得水泄不通。然而等到扫罗把包围圈缩到最小范围时，依然没有见到大卫的身影。扫罗当然不知道，大卫其实就在他的身后，如果大卫愿意，随时能够结果扫罗的性命。扫罗气急败坏地一连杀了好几个报信的人，接着就走进山洞休息。趁着这个机会，大卫的部属说："上帝把他交给我们了，赶紧下手吧。"

大卫轻轻地靠近扫罗，然而，他只是用刀割下扫罗的一片衣襟。大卫拿着这片衣襟走到对面的山头上高声地叫着："扫罗王，刚才我要是杀了你，就像捏死一只跳蚤一样容易，但是，我不会杀你，因为你毕竟是耶和华的受诰者。除非你战死，病死，老死，我决不会让你死在我的手里。要知道，我对你是忠心的，只不过你一直对我心存嫉妒，所以你才千方百计地要杀了我。"

看着身上的衣襟果然少了一片，扫罗气得吹胡子瞪眼，却又拿大卫毫无办法。一连多少次，当扫罗与大卫短兵相接时，大卫都占了上风，然而每次大卫都放过了扫罗。扫罗开始回顾与大卫相处的日子，竟然找不到大卫的一处错误。终于，扫罗在一系列的反省中觉醒。隔着敌对的阵营，扫罗深深地忏悔说："我儿大卫，你比我对以色列更有意义，愿耶和华赐福与你，以色列国必会在你手里强大起来。"

扫罗决定收兵回朝，不再追捕大卫。

扫罗王之死

扫罗与大卫和解后不久，以色列并没有从灾难的旋涡中解脱出来。倒是撒母耳的逝世，让扫罗终于出了一口长气，这意味着他终于少了一个压在头上多年的太上皇，也从此少了一个掣肘于他的强有力的人物。然而没等扫罗喘一口气，非利士人又开始大举进攻以色列。于是，扫罗不得不重上前线，去与非利士人决一死战。

此时的扫罗已经老迈，而他的军队也失去了当年的骁勇。相比之下，非利士人经过多年的失败，报仇之心愈加强烈，他们自恃兵多将广，国力强盛，一心要灭亡以色列，从而吞并以色列的大片领土。扫罗意识到此刻的自己已不是非利士人的对手，于是便祈求上帝耶和华。然而，耶和华似乎也不帮他，无论他怎样泪流满面，痛声哀诉，耶和华只是无声无息。他转而去求巫师，他急于想知道自己的未来。

扫罗听说附近有一个女巫擅长招魂驱鬼，便于天黑后乔装打扮，微服去见这著名的女巫。没想女巫也不帮他，女巫说：“扫罗王曾严令不准招魂驱鬼，你来找我，不是要我去撞扫罗王的枪口吗？”

扫罗说：“你放心吧，我以上帝的名义起誓，扫罗王决不会因为这个而加害于你。”说着便让随从们递上一包银两。

女巫见了银两，便高兴地说：“你想招谁的魂来见你呢？”

扫罗说：“就请为我招撒母耳王的魂来见我吧。”

那妇人屏神凝念，一会儿便口中念念有词道：“原来你就是扫罗王，为什么不早说呢？”

扫罗安慰她说：“是的，我就是扫罗王，请不要害怕，你都看见什么了？”

“我看见有神从地里上来。”

“他是怎样的形状？”

“是一个老人，身穿长衣，威风凛凛，气度不凡。”

扫罗知道那就是撒母耳，于是便屈身下跪，一张老脸紧紧地贴在地上。

“你为什么搅扰我安睡的灵魂，为什么现在还不让我安宁呢？”女巫口中发出来的却是撒母耳的声音。

扫罗于是更加害怕，他说："撒母耳王，非利士人又来了，扫罗老了，现在连耶和华也不肯再帮我了，难道您也不肯为我指点迷津吗？"

"耶和华已经离开你，因为你违背了上帝的意志，上帝要惩罚你，已经把王权交给大卫了，还要把你和以色列人交在非利士人手里。明天这时候就是你与你的儿子们的末日了。""撒母耳"说着，竟然放声大笑。

在女巫模仿的撒母耳笑声里，扫罗瘫倒在地，再也说不出一句话来。

第二天，非利士人果然大肆进攻以色列，很快就攻破了以色列的营地。以色

◇扫罗王之死

对以色列民族而言，扫罗无疑是有功之人，然而他败在了心胸狭隘上。城堡渐渐淡去，离扫罗越来越远，这正预示着王权已离扫罗远去。负伤的扫罗于僻静处，面对无尽的凄凉和绝望。那震耳的喊杀声仿佛在另一个世界，一切的一切都不再属于他了。

列人无心反抗，一个个四散逃跑。非利士人趁机追杀，以色列人死伤惨重。在这场非利士人横扫一切的战斗中，扫罗的3个儿子全部阵亡。扫罗在仆人的帮助下仓皇出逃，不想却被非利士的弓箭手射中了肩胛。在一处山坡上，扫罗王知道末日已到，便吩咐卫士说："拔出你的刀来，将我刺死吧，免得那些未受割礼的非利士人前来凌辱我这属于以色列的伟大身躯。"卫兵又哪里敢这样做，扫罗就自己拔出刀来，自刎而死。

约旦河以西各个城市里的以色列人听说扫罗王已死，于是不战而退，非利士人取得了全线的胜利。

大卫重返以色列

扫罗死后，大卫也终于结束了他长达10多年的流亡生活，重返故土以色列。属于犹大支派的大卫带领全家移住到犹大重镇希伯仑，由于他在战乱中为保卫犹大人而英勇作战，立下赫赫战功，犹大人于是便拥他为王。从此，人们便称他为犹大王大卫。

在约旦河北岸，扫罗之子伊施波设和扫罗大将的儿子押尼珥在玛念也建立新的以色列政权，根据王位继承的法则，大将押尼珥拥戴伊施波设为王，他们控制了以色列大部分领土，与大卫形成南北对峙的局面。伊施波设虽然为王，但他却缺乏父亲的勇气和能力，权力实际上是掌握在大将押尼珥手里。

犹大王大卫一心想早日结束以色列目前的南北分立局面，他一方面联合南方各部族，为扩大自己的影响而作着精心的准备；一方面积蓄力量，伺机与盘踞北方的伊施波设交战。于是，一场新的争夺迦南的内战爆发了。

北方政权的内部，伊施波设与大将押尼珥之间的权力之争此起彼伏，二人终于因为一个女人而公开闹翻。扫罗死后，他的一位爱妃利斯巴被押尼珥占据为妾，伊施波设对此不能容忍。因为根据以色列法律，只有王位的继承人才有资格接受已故先王的妃子。伊施波设忍无可忍，责问押尼珥说："你为什么霸占我父亲的妃子？你本没有这种资格，懂吗？"

押尼珥根本不买伊施波设的账，对于伊施波设的指责，押尼珥当即还以颜色："我们父子二人对你们扫罗家族恩重如山，如果不是我父亲，你那个所谓扫罗王的父亲能坐稳江山吗？现在，我不仅没有将你交到大卫手里，反而拥你为王，你不感谢我，反而因为一个女人而责难我，世上有你这样忘恩负义的人吗？”

押尼珥大发雷霆，伊施波设再也不敢作声，只好默默地看着父亲的妃子睡在别人的床榻上。然而从这件事上，押尼珥反而意识到，伊施波设是一个无法扶起的阿斗。于是，一场投敌卖主的阴谋在押尼珥的心中酝酿而成。押尼珥暗中打发人去见大卫，说：“只要犹太王愿与我立约，我愿将整个北方领土归属犹大王。”

大卫回话说：“好，我同意与你立约。只是有一件事，你要答应我，你来见我的时候，要把扫罗的女儿米甲带来。因为她是我的原配夫人，是我用100个非利士人的阳皮娶来的。”

押尼珥一边派人用重金把米甲赎回，一边打发人召集以色列长老，叫他们归顺耶和华亲立的以色列王大卫。众长老看到大卫的军队在战争中节节胜利，也看到大卫的贤明正直，他们都表示愿意立大卫作以色列王。不久，押尼珥带着20个人到希伯仑去见犹太王大卫。大卫设宴隆重款待，双方交谈十分投洽。然而押尼珥在归途中却被大卫的部将约押追杀了。

伊施波设听到押尼珥被杀的消息，吓得瘫倒在床上，一连几天不能动弹。他开

◇大卫雕像

始意识到，既然大将押尼珥死了，自己还能维持多久呢？

押尼珥被杀的消息传到约旦河北岸的以色列全境，一时间军心涣散，人心浮涌，下层军士们纷纷逃离，为自己寻找新的出路。一些上层军官则开始想着投奔大卫的途径。一个赤日炎炎的中午，伊施波设的两名部将利甲和巴拿趁着伊施波设睡觉之机割下他的头颅，然后就投奔大卫而去。两位叛贼原以为会得到大卫的奖赏，没想到却遭到大卫的痛骂。大卫说："像你们这种卖主投敌的家伙，指望我会重用你们吗？你们今天既能割下伊施波设的首级，明天就一定能割下我犹大王的首级。我今留你何益？推出去斩了。"大卫杀了这两个叛贼，又让人将伊施波设的首级隆重礼葬。以色列民众也在这件事中看到大卫的凛然气节，大卫在以色列民众中的威望也更高了。

4年以后，以色列各派长老在希伯仑开会，一致推举大卫为以色列各派共同的王。择定了一个日子，大卫和众长老在希伯仑耶和华神像前举行隆重的登基大典，正式成为以色列国王。就这样，一个少年牧童经过20多年的浴血奋战，终于走上了国王的宝座。这一年大卫30岁。

大卫在位33年。33年间，大卫彻底征服了非利士人，建立了犹太人历史上最强大的以色列王国。

王城的堕落

大卫统一以色列后不久便决定定都于耶路撒冷，并为其命名为"大卫城"。接着便是大兴土木，修筑宫殿。他要把大卫城建成世界上最大的王城，他要把大卫城的城墙一直延伸到米罗。浩大的工程开始了，大卫让人从很远的推罗国运来名贵的香柏木，从全国调来成千上万的工匠从事徭役。

接着，大卫又开始忙着从全国选取美女嫔妃。于是，那座新落成的宫殿里就成天笙歌艳舞、美女如云，妻妾成群的大卫在这座豪华的宫殿里享受着无与伦比的欢乐。

大卫决定把耶路撒冷修建成为以色列的宗教中心，他派出3万人的大军，将上帝的约柜千里迢迢运往耶路撒冷。当上帝的约柜运来之后，大卫便在大卫城举行盛大的宗教盛典。大卫登上大卫城的王台，接受民众的欢呼和祝福。这一刻，在大卫的面前忽然闪现出往日的一幕幕场景，那黄沙浴血的战场，那无数滚动的人头，还有那大片大片被他占领的土地。于是，一种从未有过的豪迈涌上心头。

盛大的庆典结束以后，大卫回到他的王宫，正碰上他的发妻米甲从不远处向他走来。成群的美女聚集在他身边，他似乎早就忘了米甲的存在。现在，米甲出现在他的前面，他竟未能认出来。

看着大卫迷惘的样子，米甲便带着莫名的醋意说："以色列王今天是何等风光啊，婢女给您请安来了。"

大卫终于想起，这就是他的发妻米甲。他没想到米甲是这样的丑陋，他也不明白他当初为什么会那样疯狂地迷恋着扫罗的这个丑陋的女儿。大卫说："这是耶和华对我的恩赐，上帝挑选了我而废了你父亲扫罗，所以我才有今天的荣耀。怎么，你不高兴吗？"

米甲第二天就被打入冷宫，从此过着以泪洗面的日子。

大卫城刚刚竣工，大卫又筹划着为上帝建造一座神殿。上帝的先知拿单听说以后，就前来向大卫进谏说："大卫城的建造已经耗费了大量的国力，现在你要是再建新的宫殿，只怕更加劳民伤财，损耗以色列的元气。"拿单又说："你知道耶和华现在是怎么看待你吗，耶和华说，我从羊圈中将大卫召来，让他做以色列的国王，是希望他爱护以色列人像爱自己的眼珠子一样，决不希望他这样无休止地损害以色列人。"

拿单的一席话使大卫

◇大卫城

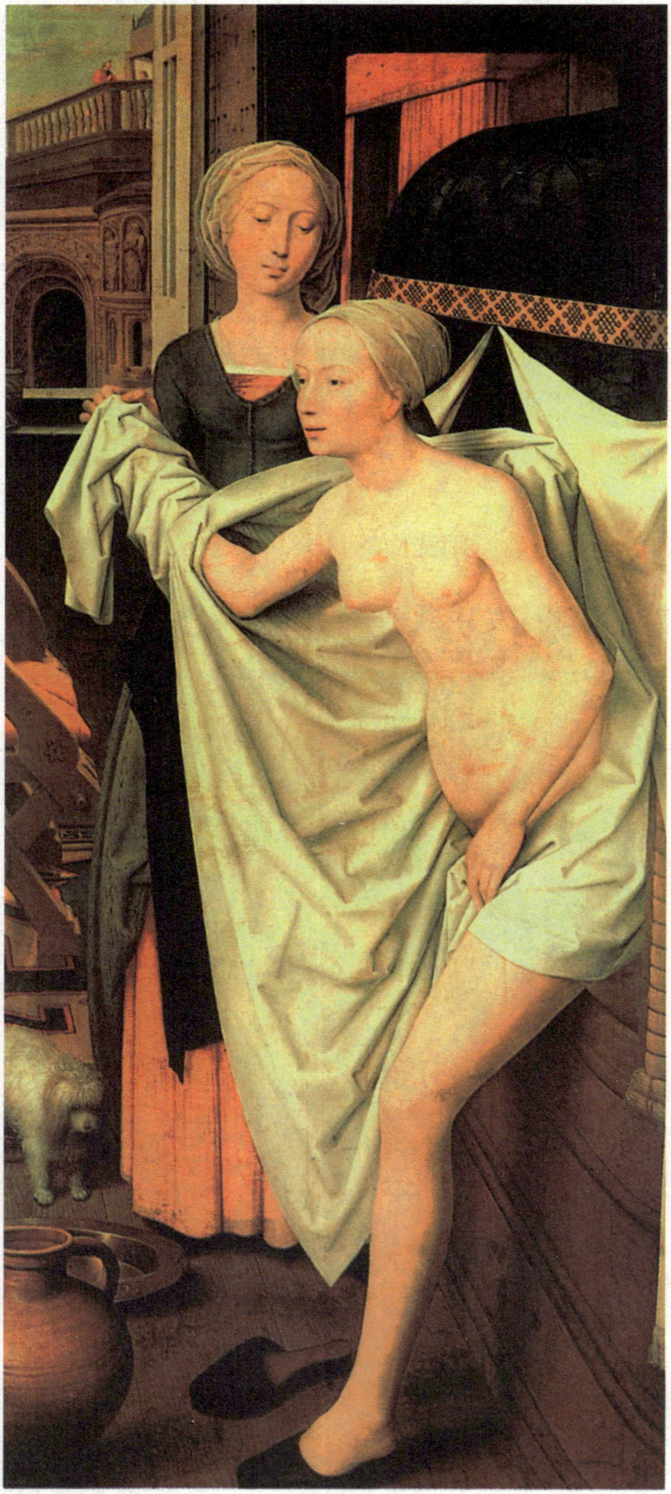

建造新的宫殿的计划暂时搁下。

大卫的生活越发荒淫，众多的美女也越来越不能满足他对美色的贪欲。一天，大卫从窗口看到对面不远处的一间屋子里一个正在洗浴的女人。他向人问询，那对面洗浴的女人是谁。侍仆们回答说，那是您的部将30督头之一的乌利亚的妻子拔示巴。

大卫立即让人将拔示巴召来，迫不及待地与那女人滚到了一起。为了长久地霸占这个女人，大卫又打发拔示巴的丈夫乌利亚去前方打仗，一面又暗中通知乌利亚的上级，让他派乌利亚独自去执行一项危险的任务。结果，乌利亚由于势单力薄，终于死在敌人的刀枪之下。于是，拔示巴便顺理成章地成了大卫的又一名嫔妃。拔示巴后来为大卫生了一个儿子名所罗门。所罗门后来成了以色列的又一代国王，此是后话。

◇**拔示巴**

这个已婚的女人，充满活力和令人兴奋，她迫不及待地接受了国王大卫的召唤，到他的内室去。

祸起后宫

大卫整日浸泡在美女汤中，儿子们同样在女人堆中相互倾轧，大卫的后宫也因此而演出了一幕幕荒淫的闹剧。大卫的儿子押沙龙有一个妹妹名叫他玛，生得十分美貌。大卫的另一个儿子暗嫩爱上了这个同父异母的妹妹，竟至于发展到寝食不思的程度。这明明是一桩乱伦的丑闻，却偏偏得到父亲大卫的支持。在父亲的安排下，暗嫩终于如愿以偿地将这个同父异母的妹妹弄到了手。然而暗嫩天生是一个寻花问柳的角色，他很快又对他玛产生了厌腻。他玛禁受不住这样的刺激，精神发生了错乱，不久就死在宫中的井内。押沙龙痛恨父亲安排了这样的丑剧，更无法原谅暗嫩对妹妹犯下的罪行，押沙龙决心伺机为妹妹报仇。

押沙龙是一个很有心计的人，他与暗嫩一边称兄道弟，对暗嫩的乱伦行为不以为然，一边寻找着为妹妹报仇的机会。终于，押沙龙在自己的宫中精心安排了一次以色列式的鸿门宴，被押沙龙迷惑了的暗嫩当然不知道押沙龙内心的杀机。当宴会进行到一半时，押沙龙突然摔碎了一只酒杯，于是，早就埋伏在四周的押沙龙的侍卫们一拥而上，将乱伦的暗嫩乱刀砍死。

杀死了同父异母弟弟，押沙龙知道父亲不会饶他，于是便逃到亚述王达买那里。3 年之后，父亲大卫终于又原谅了这个儿子，派人将他接回了耶路撒冷大卫城里。

然而押沙龙却是一个十足的野心家，他的目的就是要夺取父亲大卫的王位，成为以色列新的国王。在他满 40 岁的那一年，他忽然对父亲说："孩儿当初逃难在亚述王手下的时候，曾向上帝耶和华许愿说，如果我能平安地回到耶路撒冷父亲的身边，在我满 40 岁时，我将终身侍奉于上帝。现在，是该我了却此愿的时候了，就请父亲允许我前往希伯仑去吧。"

得到允许的押沙龙从耶路撒冷带走了 200 名贴心随从，然而他却在希伯仑开始秘密组建自己的军队。他打发心腹到以色列各支派进行游说，散布对大卫王的不满，他还打发人把大卫的谋士基罗人亚希多弗请来为他出谋划策。直到有一天他认为时机成熟，押沙龙带着他的人马开始浩浩荡荡地向耶路撒冷发起了总攻。于是，一场由宫廷内乱而引发的战争就此展开。

大卫实在没想到自己最宠爱的儿子押沙龙会发动这场内乱，他不得不调集了

所有的人马与自己最宠爱的儿子交战。押沙龙的军队毕竟是一群乌合之众，在强大的以色列军的包围下，很快就溃不成军，他的2万人的乱军见大势不妙，纷纷离开押沙龙向四处逃窜。押沙龙见大势已去，仓皇出逃中被挂在一棵树枝上不上不下，结果被大卫的人马乱箭射死。

看着儿子押沙龙那不成人形的尸体，大卫扑倒在地，悲天怆地地哭着："我儿押沙龙，我儿押沙龙，你不该死啊，该死的是你父亲我啊，我应该替你去死啊！"

◇祈祷的大卫

大卫的服装光彩夺目，而他祈求的手却显得苍白无力，他是近镜头的，近得快要跳出了画面。持兵器的士兵们在撤退，在山坡后冷眼旁观的是法国国王查尔斯八世。

以色列第三代君王所罗门

病榻前的夺权大战

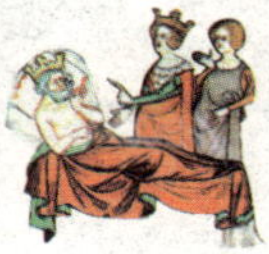

时光像一把凌利的宝剑，它无情地斩削着一个人的青春年华，而不管他是普通百姓还是威武的君王。随着时光的流逝，大卫也进入暮年。他再也不能挥舞着利剑驰骋于疆场，再也不能整日睡在女人的乳房上寻欢作乐了。

随着大卫死期的临近，大卫城中一场夺权大战也正式拉开了序幕。

在大卫众多的儿子中，最有可能继承其王位的是哈及所生的儿子亚多尼雅。亚多尼雅熟读兵书，惯于韬略，且年轻英俊，一表人才，北方各支派的长老以及老帅约押等人是他夺取王位的最强有力的支持者。然而大卫平时最喜欢的却是他的宠妾拔示巴所生的儿子所罗门。虽然所罗门年龄不大，但他聪明过人，为人谦和，得到大祭司撒督和先知拿单、示每、利以等人的竭力拥戴。

眼看着大卫不久于人世，亚多尼雅急不可耐地召集一帮大臣，商议着夺取王位的事情。这一天，亚多尼雅在约旦河边大宴宾客，应邀参加宴会的除了北方各支派的长老以及老帅约押等人，所有的王子也都来了，唯独所罗门以及所罗门的支持者拿单等人未被邀请。这样的宴会实际上是亚多尼雅笼络人心的一次精心安排，也是亚多尼雅为自己登上王位的一次预演。宴会上觥筹交错，亚多尼雅与他的支持者们为即将到来的胜利而频频举杯。

所罗门的母亲拔示巴得到消息，连忙来到大卫的病榻前大哭道："陛下，现在满世界都在说，哈及的儿子亚多尼雅要当国王了，您知道这事吗？"

接着，先知拿单也来到大卫的病榻前说："陛下，亚多尼雅与一群大臣们正在

◇**病榻前的夺权大战**

类似的一幕再次在以色列宫廷上演，如当年雅各夺取以扫的权力，所罗门母子趁着亚多尼雅忘乎所以之际，悄无声息地从大卫头上摘下了王冠。

大宴宾客，席间高呼亚多尼雅王万岁，请问这是陛下您的意思吗？”

只剩下一口气的大卫努力地睁开眼睛，他喘着气，然而却说不出一句话来。拔示巴趁机又附在大卫的耳边说：“陛下，你曾不止一次亲口和我说过，将来继承您的王位的，必是你的爱子所罗门。现在，哈及的儿子就要登基了，他若是登了基，必杀了您的爱子所罗门。陛下，趁您还能说话，赶紧下谕吧，继承您王位的，必是您的爱子所罗门。”

大卫终于从昏迷中醒来，他似乎弄清了事情的原委，于是，他用力地说：“传大祭司撒督、比拿雅。”

不一会儿，大祭司撒督以及重臣比拿雅相继来到大卫的病榻前，大卫用尽最后的力气说：“撒督、拿单、比拿雅，带着你们的仆人，吹起号角，在上帝的约柜前为我的爱子所罗门举行涂油仪式，让全城的百姓齐声高呼‘所罗门王万岁’。”

在约旦河边，当亚多尼雅与他的一帮书呆子们正在把酒临风，热烈地讨论着如何继承王位的时候，这边的大卫城里，3位荣受托孤之命的重臣却撇开正苟延残喘的大卫王，为新王的登基紧锣密鼓地准备着。天亮时分，约旦河边的宴会行将结束的时候，忽然就传来大卫城里新王登基的消息。还没等亚多尼雅回过神来，大卫城里早已是号角齐鸣，在一片“所罗门王万岁”的欢呼声中，3位重臣在上帝的约柜前为年轻的所罗门举行了隆重的涂油仪式，一代新王正式登基。

等到亚多尼雅带着一帮人杀气腾腾地冲进王宫，只见所罗门王威风凛凛地站在台阶上说：“亚多尼雅，我已受耶和华涂油登基为王，你若肯做忠义之臣，一根头发丝也不会落在地上，你若逆流而动，行凶作恶，必是死路一条。”亚多尼雅听了新王的话，立即伏拜在地，高声地说：“我王所罗门万岁，请接受微臣亚多尼雅最衷心的祝福！我就是前来向所罗门王请求训示的，从今往后，亚多尼雅决不向所罗门王提出任何无理要求。”那些随着亚多尼雅前来滋事的随从们见主子且已下拜，便也齐刷刷地跪在阶下，接受新王的训示。

所罗门的铁腕

登基为王的这一年，所罗门刚满20岁。

比起他的父亲大卫王，所罗门是幸运的。大卫的时代战争频仍，单一个非利士人，就够大卫头疼的了，而现在，大卫的铁蹄踏遍了整个以色列周边的小国，一切外敌早就臣服于以色列的门下，更何况现在的以色列拥有150万精锐之师，从而确保以色列不再受外敌的侵扰。可以说，现在的以色列国土辽阔，资源丰富，国泰民安。再加上所罗门英姿勃发，才智过人，以色列正处于全盛时期。然而所罗门同时也清醒地意识到，这王位本来是属于亚多尼雅的，现在，他却做起了国王，亚多尼雅虽然口中称臣，但内心中必不甘心，等到时机成熟，亚多尼雅与他的支

◇**两王相见**

周边小国纷纷臣服于所罗门门下，阿拉伯半岛西部的示巴国女王不以为然，率领骆驼队，带了许多香料、宝石和黄金访问耶路撒冷，亲眼看见了以色列的富强并领教了所罗门的知识与智慧。所罗门王大步走向示巴女王，他并未按她的指引去看礼物，他右手的姿势在表达着另一种深意。

持者约押必会伺机反扑。

果不其然，丢掉王位的亚多尼雅没有一天不在伺机推翻所罗门的统治。他与约押暗中串通，利用一切可趁之机到处宣传所罗门与其母亲拔示巴利用大卫王病危之机夺权的事实，一边又暗中做着军事上的准备，希望有朝一日翻云覆雨，趁着所罗门羽翼未丰，阴谋起事。

事情仍然发生在一个女人的身上。还是在大卫年迈的时候，一个年轻而美貌的女人亚比煞被送到大卫的床榻前，虽然大卫王早已无法享用这美艳的女人，但这女人在名义上应该是大卫王最后的宠妾。忽然有一天，亚多尼雅竟然忘记了他曾向所罗门做过的“从今往后，不向所罗门王提出任何无理要求”的承诺，他通过拔示巴，向所罗门提出，要娶亚比煞为妻。

拔示巴于是把亚多尼雅的要求转告给了所罗门，所罗门沉思片刻，向母亲说道：“亚多尼雅提出娶先王的宠妾为妻，这是对新王权力的最严峻的挑战。我若不除掉亚多尼雅，不久的将来，他必向我提出为王的要求。”于是，所罗门当即下令将亚多尼雅处以极刑。

大将约押听到亚多尼雅被处死的消息顿时惊恐万状，根据教规，不管什么人，只要逃进上帝的圣所，就能免除一死。所罗门又岂肯放过这个心腹之患，他不顾教规，让人在圣所的上帝面前将约押一刀结果了性命。

所罗门的铁腕除奸，充分显示了他少年天子的雄浑魄力，从而也使得他在整个以色列树立了自己的崇高威望。

巧妙断案

以色列日渐强大，相邻的小国都臣服于所罗门的王权之下。甚至连强大的埃及也主动前来和亲，于是，所罗门娶埃及法老的女儿为妻，从而与这个最大的邻国缔结友好。

为了祈求耶和华保佑以色列的江山社稷，所罗门还多次去基遍主持大型的祭祀活动。一天夜里，上帝耶和华降临到他梦中。上帝问他：“你愿我赐给你什么？”

所罗门说：“希望您能赐给我聪明才智，好让我明察秋毫，辨别是非，从而为百姓伸张正义。”

耶和华非常满意，说：“难得你不为自己求寿求福，也不求灭绝你仇敌的性命，只求聪明才智，好为百姓伸张正义，我就答应你，赐你聪明和才智，让你用所得的智慧治理以色列，使以色列成为前无古人、后无来者的强盛之国。”

像是印证上帝耶和华所赐他的智慧，第二天，便发生了一件在以色列称为奇巧的案子，得到上帝智慧的所罗门巧妙断案，成为以色列永久的佳话。

这一天，一胖一瘦两个女人来找所罗门，要求所罗门王能为她们断明是非。胖女人说：“我们俩共有一个丈夫，丈夫让我们各生了一个儿子。不久前，丈夫死了，但我们俩仍然住在一屋。昨天夜里，她睡得太死，不小心把孩子压死了。她发现孩子死了，就乘我熟睡之机，把自己的死孩子偷偷放在我身旁，把我的活孩子换去。一觉醒来，我要给儿子喂奶，才发现他已死了，我当时真是吓坏了啊，可仔细一看，这哪里是我的孩子，原来我的孩子是被这个歹毒的女人偷偷换去了啊。”

胖女人还没说完，瘦女人抢着说：“尊敬的所罗门王，可别听她一派胡言，事实上是她换了我的孩子，死孩子是她的，活孩子是我的。”

两个女人说着，又扭在了一起。

所罗门说：“你们先别争，让我看看孩子。”所罗门打量着那个孩子，孩子长得像这个女人，但又似乎更像另一个女人。所罗门眉头一皱，计上心来，他吩咐侍卫说：“替我取一把刀来。既然她们俩都争着要这个孩子，只好将孩子劈成两半，两人各取一半吧。”

没等刀子取来，胖女人突然脸色大变，只见她扑通一声就跪倒在所罗门面前，不住地哀求道：“不能啊，既然她要我的孩

◇**智判疑案**

美的花终会凋谢，美妙的语言只能悦耳一时，唯母亲的爱是永恒的，在这种爱的光茫下，一切丑的东西都要现形。

子，只好送她算了。只求留着孩子的性命。”

瘦女人却无动于衷地说：“劈死了好，我得不到，你也要不了。”

所罗门立即让人将孩子送到胖女人的手里说：“放心吧，我不会杀了你孩子，你就将孩子抱回去吧。”又对瘦女人说：“你以为不是自己的亲生儿子，就情愿让我用刀把孩子劈了，你的心有多狠毒啊。”胖女人抱着孩子高高兴兴地走了，瘦女人也只好耷拉着脑袋走出去了。

金碧辉煌的圣殿

以色列人出埃及后480年，也就是所罗门登基为王的第四年，所罗门决心完成先父遗愿，大兴土木，在耶路撒冷修建一座与国威相称的耶和华神殿。要建造圣殿，最需要的就是名贵的香柏木。以色列是一个缺少木材的国家，而与之为邻的黎巴嫩正好盛产名贵的香柏木。所罗门王决定向黎巴嫩王希兰开展相互贸易。

得到所罗门王要求贸易的信件，希兰王觉得这是与以色列国建立盟约的一个大好机会，于是便欣然答应了所罗门的请求。按照两国达成的协议，希兰王向以色列提供所需的香柏木和松木，所罗门则每年为希兰王提供麦子2000歌珥，清油20歌珥。接着，所罗门从国内征集了3万劳力。这3万人中，1万人去黎巴嫩砍伐香柏木及负责运输木料，其余者则留在耶路撒冷圣殿工地。另外还强迫15万迦南人到耶路撒冷服役，8万人开山凿石，7万人将采好的石料运到耶路撒冷。又用3000名以色列人充当监工，监管这些苦力劳动。

圣殿建在奥弗山上，山下有一条石阶铺成的路直通山上神殿外院大门。宽敞的外院可容纳数千名朝圣者，内院是举行宗教仪式的场所，中央设一座祭坛，坛上点着长明灯。祭坛旁有一巨大的圆形铜海，里面盛满了水，用来洗洁献祭用的

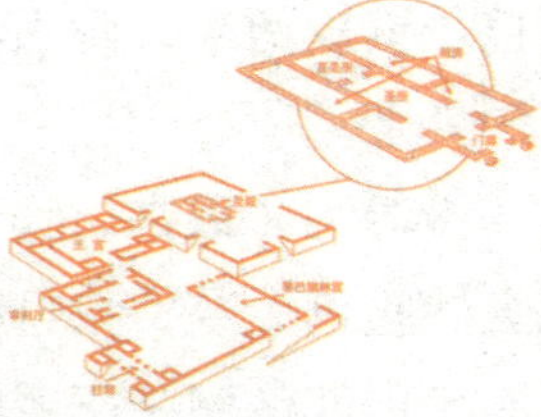

◇所罗门圣殿复原图

圣殿的美众所周知，但它的规模多大无人知晓。

牛羊。铜海下面铸有12只托海的铜牛：3只向北，3只向西，3只向南，3只向东；牛尾朝里，头朝外。院内还有10个带轮的盆座，供运水之用。内院中央是雄伟的主殿。主殿的两面侧墙和后墙外三面有附属房屋，供祭司居住。殿分三进，一进是前殿，二进是正殿，三进才是内殿，内殿也是圣所。殿内栋梁是刨光油漆过的香柏木树干，四壁和顶棚都用香柏木镶嵌，下面是松木铺的地板。

经过成千上万工人的努力，耶和华神殿前后经7年，终于大功告成。神殿竣工后，所罗门将以色列的长老和各派的首领召集到耶路撒冷举行了隆重的约柜安放仪式。祭司们把约柜从大卫城锡安抬上来，安放在新落成的圣所中。此时的所罗门身穿紫罗袍，头戴金王冠，端坐正中的王位上。在他的身后，是500名手持金盾的王宫卫队。在燔祭的浓烟和熏香中，圣殿内外鼓号齐鸣，祭司们肩扛约柜进入神殿，约柜金光闪闪，耀眼夺目。

仪式完毕后，接着是举国大庆，在长达14天的时间里，以色列上下一片欢腾。

晚年的日子寝食难安

像一切君王一样，所罗门的晚年是在昏聩和女色中度过的。除了埃及法老的公主，邻近各国都巴不得与所罗门和亲，于是，所罗门便有了700名嫔妃，300名侍妾。在豪华的宫殿里，这些来自世界各国的美女们整天陪伴在所罗门的四周，她们与所罗门一起喝酒唱歌，恣意享乐。

值得一提的是，这些来自世界各国的女子大多是异教徒，于是，所罗门也跟着这些女人信起了神教，其中尤其信奉西顿人的女神亚斯他录和亚扪人的神米勒岭。他还为基抹人和亚扪人的神摩洛在耶路撒冷对面的山上建筑神坛。为比，耶和华曾两次向所罗门显现，对他提出忠告，希望他不可偏离正道，违背上帝。可所罗门沉醉在这些美女的乳房和石榴裙下，又哪里听得到来自上帝的声音？终于，上帝耶和华正告他说："你若不早些迷途知返，我将把曾赐予你的一切悉数夺回。现看在你父亲大卫的份儿上，我不在你活着的时候做此决定，我要在你儿子罗波安手中将赐予你的以色列夺回交给你的臣子，只留下一个支派给你的儿子罗波安管理。"

上帝的意旨是不可违背的，上帝的声音也是灵验的，所罗门的昏聩和荒淫终于引起以色列内外的强烈不满，所有的外忧内患、新仇旧怨此时也都像决堤的洪

◇所罗门迷信别神

所罗门为妃嫔迷惑，迷信别神，国内教派纷争激烈，加快了他的老迈和死亡。

水一般突然爆发了。第一个起来造反的是以东王的后裔哈达。当年大卫攻击以东，约押带领人把以东所有的男丁斩尽杀绝之时，哈达还未成年，他在父亲臣仆的帮助下逃到埃及。哈达是在埃及的王宫中长大的，自幼受着埃及的宫廷教育，明白了自己的过去和将来，因此，年轻的哈达没有一天不想着杀回以色列，为父亲报仇。现在，当哈达听说所罗门年迈昏庸，以色列国力空虚、民怨沸腾时，便纠集一群以东人的后裔向所罗门发难，他们不时攻入以色列境内，在以色列的领土上不断骚扰，闹得所罗门寝食不安。

接着，以利亚大的儿子利逊又让以色列处于动荡不安之中。第三个起来造反的是所罗门手下的一员干将耶罗波安。耶罗波安是以法莲支派的洗利达人，他幼年丧父，孤儿寡母相依为命，长大成人。所罗门征发民工整修大卫城时，他也在应征之列。修城期间，耶罗波安因工作出色得到赏识，后被提拔为筑城总管之职。然而他同样没有一天不想着推翻所罗门政权，建立自己的王道乐土。有一天，耶罗波安出城办事，在路上碰到示罗先知亚希雅，交谈不久，亚希雅忽然把身上的衣裳撕成12条碎片，将其中的10条送给耶罗波安说：“耶和华降神谕说，‘所罗门违背了耶和华的道，不遵守上帝的律法，我必将以色列国从他手里夺回，其中的10个支派赐予耶罗波安。不过，我还会为他的儿子保留一个支派。你若遵循我的道，谨守我的律例诫命，我就与你同在。’现在，你就将这10个支派拿去吧。”

耶罗波安接受10条碎布条后倍受鼓舞，回城后即着手准备揭竿起义，不料事先走漏了风声，所罗门追杀他，他就逃到埃及王示撒那里，住在埃及，直到所罗门死去。但这件事却在所罗门的心里造成极大的恐惧，从而也加速了他的老迈和死亡。

在各种外忧内患的交织下，所罗门终于在60岁那一年死于耶路撒冷，为王40年。

南北分立的以色列

刚愎自用的犹大王罗波安

一代新王罗波安从他父亲所罗门手中接过王位时已是一个40岁的中年人了。此时的以色列危机四伏，政局动荡，国家经济衰退，百姓怨声载道。如果罗波安此时能及时大力整治国家机制，努力消除因所罗门晚年的荒淫所带来的国家危机，以色列还有复兴的希望。但罗波安却不是一个贤明的君主，他志大才疏，却又刚愎自用，很少能听进别人的意见。

那时，曾经给所罗门制造了很大麻烦的耶罗波安已经从埃及回国，受北方10个教派推举而作为领袖，同时也代表北方的百姓来与罗波安王谈判。这实在是一个很好的机会，然而刚愎自用的罗波安却没有抓住这一历史机遇。耶罗波安对罗波安说："你父亲所罗门的晚年让以色列人民受尽了苦难，只要你能接受所罗门的教训，减轻人民的负担，人民自然就会侍奉于你。"

然而罗波安仗着父亲留下的余威，不屑地向耶罗波安说："我现在的手指比我父亲的腰还要粗，如果说我父亲曾经用鞭子抽打过你们，我现在要加倍地用浸过蝎子血的皮鞭责打你们。"

就这样，南北双方的谈判宣告破裂。耶罗波安带着北方教派的长老不辞而别。不久，在北方10个教派长老的拥戴下，耶罗波安在北方称王，公然与耶路撒冷的以色列政权分庭抗礼。罗波安决心镇压北方的反抗势力，他调集了18万大军，准备一举踏平北方。然而却遭到先知示玛雅的反对。示玛雅带着上帝的口吻在军队和民众中游说："耶和华是这样教导我们的，你们不可去与你们的弟兄以色列人争

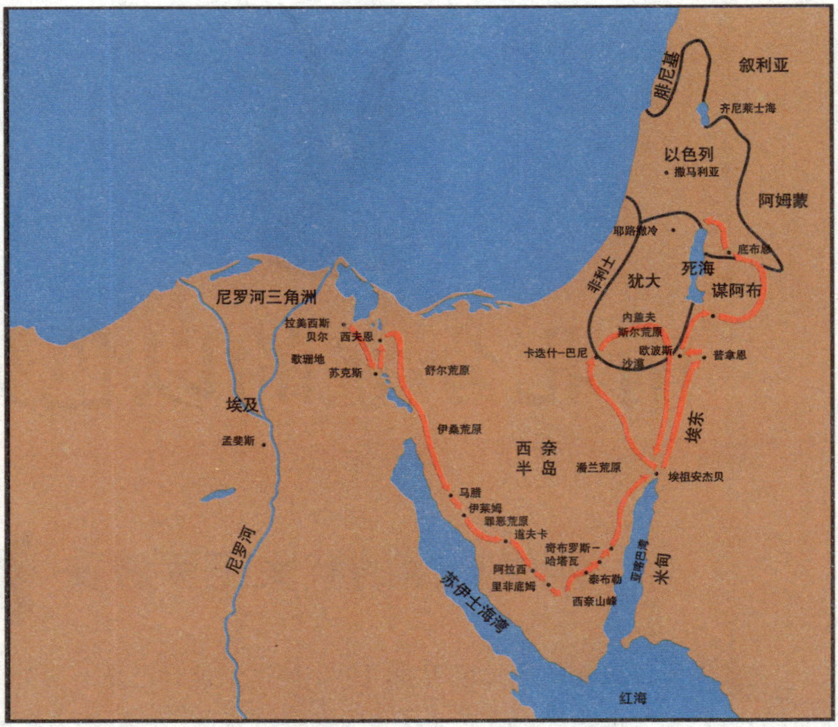

◇犹太王国

公元前11世纪，犹太人创立犹太教，建立以色列——犹太王国。于公元前935年左右分列为南北两部，北部称以色列，都城撒马利亚，南部称犹大王国，都城耶路撒冷。前者于公元前722年被亚述吞并，后者于公元前586年被新巴比伦王国所灭。后来二者于公元前63年起先后并入罗马，绝大部分于1～2世纪罗马帝国统治之间，被赶出住地而散布欧洲各地。图中红线为摩西出埃及路线图。

战，上帝的臣民们，希望你们听从上帝的安排，因为上帝与你们同在。”

先知示玛雅的话在民众中具有极大的震撼作用，于是，罗波安军心涣散，那些一心要跟随罗波安踏平北方的民众也四散回家去了。罗波安从中也看到了人心的作用，于是，攻打北方的计划就此搁浅。从此以后，罗波安与耶罗波安以约旦河为界分而治之。北方10个教派被称为以色列人，南方两个支派被称为犹大人，也就是后来所说的犹太人。

耶罗波安的造神运动

南北分立的局面形成之后，耶路撒冷仍然是约旦河两岸以色列人的宗教中心。每到献祭日，北方的大批民众便渡过约旦河来到耶路撒冷，这种局面引起耶罗波安极大的不安。他担心北方的民众会渐渐倾向于大卫的家族，害怕民众由此而拥戴大卫的子孙罗波安。耶罗波安认为，所谓神都是人制造的，干脆就为北方的以色列人再制造一个神吧，免得他们再去耶路撒冷，扰乱以色列的民心。于是，耶罗波安分别在伯特利和别是巴各修了一座圣殿，两座圣殿里分别铸造了一只高大的金牛。耶罗波安向北方的民众说："看啦，这就是领着你们走出埃及的神牛，从今往后，你们可不必再去约旦河南岸献祭了，就向这金牛献祭吧。"

一些人果然就不再到耶路撒冷去了，他们每年要么到伯特利，要么到别是巴，他们跪在耶罗波安为他们建造的圣殿里，向那只高大的金牛献祭。

然而不久发生的事情彻底击碎了耶罗波安的造神运动。当又一个献祭日来临的时候，伯特利的金牛圣殿里忽然来了一个神秘的人物。只见那人旁若无人地走向圣坛，然后便高声地唱道："我奉上帝耶和华的旨意发出以下的指令：坛哪，坛哪！你必将破裂；灰呀，灰呀！你必将倾覆。"

当时耶罗波安正好在主持着献祭，听见这个神秘人物念念有词，顿时勃然大怒，他大声地命令说："来人啦，赶快给我将这个妖孽抓起来！"

然而奇怪的事情发生了，耶罗波安的话音未落，他那挥舞着的大手忽然僵直在半空中，就像是被一只无形的力量铐在虚空。紧接着，神坛破裂了，坛里的香灰倾撒了。那神秘人物的诅咒完全应验了。耶罗波安这才知道来者不是一般的人物，赶忙用另一只能够活动的手向那神秘人物祈求着："呵，恕我有眼无珠，不知道您就是上帝的使者，求求你啊，替我向耶和华祈祷，请他原谅我的无知，停止对我的惩罚吧！"

那神秘的人见耶罗波安开始忏悔，于是便为他祈祷，过了一会儿，耶罗波安的手终于又恢复了原样。耶罗波安向那人请求："请随我入宫去吧，请接受我的一点小小的赏赐。"

那人说："你就是把你的宫殿一半给我，我也不会走进你的宫殿。"说完便神秘地消失了。

然而耶罗波安好了疮疤忘了痛，他并不从这件事中吸取教训，继续让他的以色列人在那座他制造的神殿里从事着金牛崇拜。耶和华于是决定进一步惩罚他。

不久，南北双方爆发了一场旷古未有的战争，耶罗波安的将士死伤惨重。过了没多久，耶罗波安便在内忧外患中结束了生命。

耶罗波安死后，他的儿子拿答继承了王位。然而儿子的命运并不比父亲更好，拿答在位不到两年，即被大臣巴沙灭族篡位。后来巴沙的大臣心利又杀了巴沙的全家，篡了巴沙的位。再后来，心利又被暗利所杀……

北方的以色列是这样的结局，南方的犹大王罗波安政权同样日暮途穷。罗波安的母亲是亚扪人，受不信耶和华的母亲的影响，罗波安便也信奉起神教。在山坡上，在树林里，那时候人们能随处见到各种神像，唯独不见耶和华。宗教的毁灭，导致政治的腐败，原本纯朴的民风也开始败坏，犹大人开始一天天堕落，耶路撒冷的大街小巷里不仅公然开设着妓院，一些贵族们甚至还盛行男风，蓄起了娈童。

自罗波安和耶罗波安以后，约旦河两岸的几代国王一个比一个荒淫，一个比一个无道，外族人趁机大举进犯，显赫一时的大国就这样衰败下去了。

◇造神运动

耶罗波安的造神运动正映照出他内心的不安和其江山的摇摇欲坠，金牛是没有生命的，以色列的前途也是未知的。

救世主耶稣诞生

大祭司的虔诚祈盼

希律王统治犹大时期，在犹大山区有一位忠厚诚实的祭司，他的名字叫撒迦利亚。撒迦利亚的妻子名叫以利沙伯。这夫妇二人并不富裕，但却相濡以沫地共同度过了大半辈子的人生。然而，人的一生注定会有许多的缺憾，虽然撒迦利亚夫妇相敬相爱，但却至今膝下无子。于是，撒迦利亚不得不每天在上帝面前虔诚祈祷，希望神能赐福于他们，让他们有一个儿子。

这一天又轮到撒迦利亚当班进香，他再次跪在神的面前，祈求神能为他们弥补人生的缺憾。这时，在香烟的氤氲中，撒迦利亚忽然感到神思恍惚，忽然，一个巨人来到他的面前。撒迦利亚知道，这巨人就是耶和华主的天使。撒迦利亚连忙跪倒在地，向主的天使虔诚礼拜。

这时，他听到天使说道："撒迦利亚，不用着急，主早已听到你的祷告，主也会满足你的请求，你马上就会有一个儿子的，你的儿子将取名约翰。这个孩子在母腹中就充满了圣灵之光，他将使众多的以色列人回归于主的门下，让所有的父母慈爱，让所有的儿女行孝，让世界远离战争，让世间所有的人都充满智慧。"

撒迦利亚在一时的激动之下便说："主啊，感谢您的恩德，可是，我已年老，难道还能生育吗？"

天使说："你既然是祭司，就不应该怀疑主的命令，你应知道，上帝是无所不能的，上帝与他的臣民同在。"就因撒迦利亚对天使的话产生怀疑，从此以后，撒迦利亚成了哑巴。他只能用手势和含混不清的声音与人谈话，却总是无法表达自己完整的思想。

且说撒迦利亚从恍惚中醒来，依然闻到天使身上留下的灵香，他知道，主的天使果然来过，他作为祭司的确不应该怀疑上帝的许诺。不久，撒迦利亚年迈的妻子以利沙伯果然怀孕，虽然撒迦利亚成了哑巴，但还是特别高兴。

上帝赐名约翰

这一天是个特殊的日子，在加利利的拿撒勒城一个普通的农家，童女马利亚的家里来了很多客人。父母忙前忙后地跑着，仆人们则在厨房里忙碌着，一场盛大的家庭宴会即将开始。此刻，童女玛利亚正躲在自己的房间精心地打扮着。她的脸一片绯红，她的心里充满了期待和欢乐。因为她知道，今天家里所有的热闹都是因为她，因为大卫家族的约瑟今天正式向她求婚。虽然约瑟只是一个普通的木匠，但是，玛利亚知道她的未婚夫有着一副善良的心肠。童女玛利亚期待着约瑟的求婚，期待着这个不平常的日子。

◇圣母领报

玛利亚一袭湖蓝色长裙，象征着圣洁和庄重，当她听到天使的告知时，有惊喜，也有羞涩，亚当夏娃的故事在她的脚下，这似乎是对始祖过失的一种弥补。

一天的热闹结束了，玛利亚带着白天的兴奋躺到床上。然而，她的心里仍然被一种巨大的幸福充盈着。不知什么时候，一个巨人来到她的房间，玛利亚是虔诚的耶和华的信仰者，她当然知道，这个巨人就是主派来的天使。玛利亚连忙从床上爬起来，虔诚地跪在天使的面前。玛利亚说："主啊，您派高贵的天使前来婢女的房间，究竟有什么事呢？"

这时她听到主的天使说："恭喜你啊，你将怀孕生子，你儿子的名字叫耶稣。"

听到天使如此一说，玛利亚顿时满脸绯红，她今天刚刚定婚，一个未曾过门的童女怎么会怀孕呢？但是她又听到天使说："圣灵降临到你的身上，上帝正庇荫着你，你将生的儿子，就是神的儿子。"

然而玛利亚还是问道："我不怀疑上帝的万能，但是，我毕竟没有出嫁，怎么能生子呢？"天使原谅了玛利亚的无知，说："你难道没有听说，你的亲戚撒迦利亚的妻子以利沙伯年老怀孕的消息吗？这已经是6个月以前的事了。你应知道，这一切都是神的安排，你完全不应当生出半点怀疑。主还让我告诉你，你的儿子耶稣将继承他的祖先大卫的王位，上帝还让他做雅各家的王，直到永远，他所领导的国家也必将永远昌盛，无有穷尽。"

◇圣母访亲

玛利亚似乎对这次会面有着非凡的体验，她已经理解到了自己唯一的命运。与此同时，她们腹中的婴儿也在交谈着。坐在门槛上的两位博士急忙记下了这神圣的一幕。

玛利亚是一个虔诚而贤淑的童女，听到天使这样说，她当然也就不再怀疑，于是说道："我是主的使女，我以十二分的愉快感谢主的安排。"

第二天，玛利亚决定前往她的亲戚撒迦利亚家去看看那个高龄怀孕的老女人。以利沙伯果然腆着很大的肚皮出门迎接玛利亚的到来。在以利沙伯见到玛利亚的同时，一道灵光自空中划过，刹那间，以利沙伯腹中的婴儿怦然而动。于是，以利沙伯高声说道："亲爱的玛利亚，你真是一个有福的童女，我的儿子刚一见到你，就在我的腹中欢乐跳跃，你看，他正有些急不可耐呢。"

玛利亚说："愿神降福于你的儿子，也愿神降福于世世代代的以色列人，让他们饥而得食，寒而得衣，让以色列人远离战争的恐怖，愿您的儿子像他的先祖亚伯拉罕一样，成为以色列万世的英雄。"

又过了几个月，以利沙伯终于生了儿子，所有的邻里亲族都前来向她祝贺。8天过后，撒迦利亚为孩子行了割礼，然后商量着为他取名。按照惯例，孩子应当跟随父姓，但母亲知道上帝早就为孩子赐名，于是就说："孩子名叫约翰。"

邻居们说："还是问问父亲吧。"然而大家都知道，父亲撒迦利亚自从妻子怀孕以后就一直失语，问他又能问出什么来呢？就在这时，撒迦利亚拿着一张纸来，只见他在纸上飞快地写了两个字"约翰"。撒迦利亚刚写完这两个字，失语了10

个月的哑巴忽然张口说起话来。大家更是惊奇，于是都说，这一切如果不是上帝的荫庇，这些不可思议的事情怎么会同时发生在一个家庭呢？

一筹莫展的未婚夫

童女玛利亚自从见到上帝的使者之后的第二天，忽然有了怀孕的症状。一个尚未出嫁的童女忽然怀孕，必然引起外界的种种猜测和各种离奇的流言。然而，不管外界是怎样沸沸扬扬地讨论着她的未婚怀孕，但玛利亚自己却非常坦然，因为她知道，她腹中的婴儿受着上帝圣光的照耀，她是纯洁的，她腹中的婴儿更是神圣的。

流言当然也传到玛利亚的未婚夫约瑟那里，有时候约瑟走到街上，忽然会有一个无赖样的人迎着他的面说："木匠约瑟，听说你的未婚妻怀孕了，这是真的吗？"泼皮们的恶意挑衅让约瑟感到难以见人，他甚至想退掉这门婚事，但是却割舍不掉对玛利亚的一片至诚的爱。正当他在矛盾和痛苦中一筹莫展的时候，上帝的天使在一天夜里来到约瑟的房里。天使说："义者约瑟，不要怀疑圣女玛利亚的纯洁，她腹中的婴儿，是从圣灵而来，她会为你生一个儿子，你要愉快地接受上帝的这一安排，并且还要给儿子取名耶稣，因为他将把以色列从罪恶中拯救出来。这一切的事实，早就应验了主的先知们说过的话：'必有童女怀孕生子，要称他的名为以马内利。'以马内利的意思便是'神与我们同在'，懂吗？"

◇**圣母的婚礼**

玛利亚的婚礼简朴而热烈，这一对贫穷的夫妇相亲相爱着，因为圣母玛利亚孕育着人类的希望。

约瑟是虔诚的上帝的信仰者，于是，他不再怀疑玛利亚的贞洁，他毅然按照事先约定的日期将玛利亚娶过门来，并且以虔敬的心情期待着神子的降生。婚礼简朴而热烈，婚后的玛利亚夫妇相亲相爱。日子在一天天地过去，玛利亚的产期也一天天临近。按照以色列国的规定，将要降生的孩子必须先向有关当局申报户口。于是约瑟便带着妻子玛利亚来到伯利恒，准备向当局申报孩子的户口。伯利恒是一座十分热闹的城市，这一天又是一个通商的日子，当天城里的客栈全部爆满，贫穷的夫妇只得临时借住在客栈里的一间马棚中。

救世主耶稣诞生

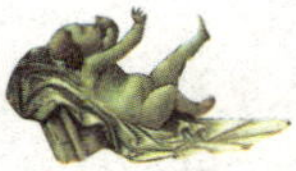

这是一个特别的日子，人类当会记住这一天上帝给人类带来了怎样的幸运。按说马利亚的产期还有几天，但由于旅途的劳顿而引起玛利亚的胎动，神子耶稣决定提前来到人间。

圣子降生的一刻，马棚被一股祥光笼罩着。婴儿的啼哭声惊动了客栈里的主人，好心的主人得知玛利亚就要分娩，连忙为她送来热水和孩子的包布，并向玛利亚夫妇表示祝福。夫妇俩匆匆将婴儿用布包好，因为没有婴儿的眠床，玛利亚只好将儿子放在身边的马槽里。就这样，这马槽便成了神子耶稣最初的摇篮。

就在耶稣降生的一刹那，一道灵光照彻伯利恒的郊外，正在放牧的一群牧人见到天空中的神光，顿时吓得不知所以。这时，一位天使来到他们的面前，大声地告诉他们说："不必惊慌，上帝为人类送来一位救主，他就是基督耶稣。快去看看吧，在那所客栈的马棚里，那睡在马槽里的婴儿就是你们未来的救主。快快把这惊人的喜讯告诉所有如你们一样苦难的人们去吧，人类的福

◇**基督降生**

这个马槽里的婴儿的出生给大地带来祥光，众多天使围绕着圣家族，载歌载舞，牧羊人则虔诚地跪在地上。

音到了。”天使说完，就神秘地消失了。而天使消失的同时，天空中又出现了一队天兵，只听他们用和悦的声调在齐声唱道：

在至高之处，
荣耀归于神，
在地上平安，
归于他所喜悦的人。

这一切不可思议的现象让这群牧人兴奋异常，他们说：“刚才的一切，绝对不是梦幻，那么，我们就去伯利恒城中看看吧，如果这一切都是事实，我们就应该按照主的指示去告诉所有的人。”果然，他们在城中的那家客栈马棚里寻到了约瑟夫妇，还有那安卧在马槽内的婴儿。于是，牧人们将所看到、所听到的一切向四处传扬开来，凡是听到这一切的人，无不感叹上帝的神迹和上帝的万能。

耶稣诞生的时候，东方的启明星大放光明，正好有几位来自东方的博士发现了这一祥瑞奇观，他们知道，一个圣人降生了。他们立即求见以色列国希律王，向他报告了自己的发现。希律王连夜召集宫中的祭司以及国内最有学问的民间术士，祭司和民间术士们都说：“以往已有先知的确曾经说过：将来必有一位君主从伯利恒产生，他将带领以色列人走向光明。既然东方的博士们已经感到这位圣人的诞生，那就一定是这样吧。”希律王的脸上忽然布上一道阴云，这位专制的君主无端地感到一种莫名的恐慌。

童年时代的耶稣

血腥笼罩以色列

希律王当即请几位东方的博士前去寻找他们的发现，希律王说:“一旦你们发现了那所谓圣子，请立即告诉我。”

博士们于是凭着自己的智慧和神勇一路探寻，终于在伯利恒一家古老客栈的马棚里发现了圣迹。然而令他们嘘唏不已的是，圣子的夫妇躺在马棚的一片干草上，他们忍饥挨饿，孤立无援。而那位人中至人就像任何一个贫穷的农家孩子一样安详地躺在一个长长的马槽里。此刻，那孩子睁大着双眼，用一种希冀的目光看着这个将与他生生相连的世界，仿佛在说：“人们，我爱你们！”

几位博士当即向这位人中至人伏地而拜，接着，他们将随身带来的礼盒打开，将里面的黄金、珠宝和珍贵的没药悉数献给玛利亚夫妇。这时天已大亮，几位东方的博士带动着十二分的喜悦马不停蹄地回国去了。

耶稣降生的消息很快传遍了整个约旦河两岸，人们纷纷传言，就在不久前，一位人类的救主降生了，从此以后，苦难的人类将会迎来新的希望。人们奔走相告，虽然谁也不知道那个圣子究竟是谁，圣子究竟降生在何方，但是，人们被一种希望鼓舞着，激动着。希律王也终于知道，博士们的话并非耸人听闻的传言。然而令希律王最气愤不过的是，尽管他曾一再叮嘱那几位东方的博士们，希望他们如果得到所谓圣子的下落，就立即前来报告，然而那几位博士却一去不返。从一这系列的迹象中，希律王更加意识到，圣子的降生，即是一切专制独裁者的末日。于是，希律王当即下了一道命令：将以色列国内所有两岁以下

◇出逃埃及

整个画面异常宁静，祥光笼罩着，圣母子安详地坐在驴背上，约瑟与其他粗人没什么两样，然而他对命运的安排是顺从的。

的孩子全部杀害。希律王觉得，只要张开一道无形的大网，就不怕那个所谓圣子成为漏网之鱼。

耶稣是上帝的儿子，他的降生，必然带着上帝的神圣的希冀，上帝又岂能让希律王的阴谋得逞？也就是在希律王下达虐杀一切两岁以下孩童命令的头天晚上，上帝派他的使者来到玛利亚的面前，向马利亚夫妇通报了即将到来的危险，让他们赶紧带着孩子逃离以色列，向埃及而去。

第二天清晨，刽子手们杀气腾腾地扑向以色列的每一个家庭，凡是见到两岁以下的孩童，刽子手们不由分说地提起孩子的小腿，残忍地摔死在街道上。一时间整个以色列被一股血腥笼罩着，孩子呼叫着父母，父母哭喊着孩子，凄惨的声音久久地萦绕在以色列的上空。也就是在这个时候，一对年轻的夫妇抱着他们的孩子悄悄地渡过约旦河，顺利地来到了埃及国。

童年时代的耶稣

正义的曙光总会划破黎明前的黑暗，希律王的时代终于随着这位残暴的统治者的死去而宣告结束。于是，约瑟与玛利亚夫妇终于又带着他们的孩子回到以色列，定居于拿撒勒。这时的耶稣已成长为一个小小少年，妈妈玛利亚相继给他生了4个弟弟，他们分别是：雅各、约西、西门和犹大，另外还有两个妹妹。耶稣很爱弟弟和妹妹，父母不在的时候，他就成了弟妹们的精神中心，弟妹们围绕在他的身旁，就像是星星拱卫着月亮。

耶稣的童年生活是清贫而又幸福的。父亲约瑟是个木匠，凭着勤劳的双手，一家人的日子过得虽不富裕却也不至于忍饥挨饿。耶稣知道父母的辛苦，很小就开始帮助父母料理家务，做着田地里的活计。然而这个孩子又是多思的，他常常坐在门前的小河边，看着远处的天上白云，看着草地上的牛羊，谁也不知道他小小的心灵中到底在思考着怎样的命题。

每到犹太人逾越节的这一天，父母就带着他和弟妹们一同去耶路撒冷朝拜圣殿，一直等到守满节期才回到拿撒勒来。耶稣12岁那年，父母又像往常一样带着他们踏上圣城的道路。然而等到回来的时候，父母却发现耶稣并不在自己身边。焦急的马利亚连忙将其他的孩子交约瑟带回，自己重新返回耶路撒冷。圣殿里的学术活动还没有结束，一群学者们正聚集在那里举行辩论。玛利亚看到，自己12岁的儿子耶稣正像大人一样坐在人群中，聚精会神地聆听着那些学者们的辩论。有时候，他竟会站起来，对学者们的问题作出自己的回答。学者们无不惊异于这孩子超人的心智，对他所提的问题一点也不敢轻慢。心焦如焚的玛利亚一把抱着儿子说："儿子，你不知道妈妈没见到你是多么着急吗？快跟妈妈回去吧。"

耶稣是听话的孩子，虽然他跟着妈妈走出了圣殿，但他的心似乎仍在那激烈的辩论中。他说："妈妈，你应该知道，我本来就属于我的天父，那座圣殿才是我真正的故乡。"

玛利亚对儿子的话似懂非懂，但是她隐约地意识到儿子此生所肩负的责任，因为她知道这儿子本来就是应上帝的旨意而降生于世的，她的耶稣是上帝的儿子。

◇童年的耶稣

年幼的耶稣很懂事而且早熟，除了帮助父母料理家务，照顾弟妹外，他思索更多的是助人助世的事情，他幼小的心灵已经意识到自己肩负着重任。他语惊四座的言论令学者们叹服。

旷野中执著的约翰

现在回过头来再说先耶稣而生的另一个孩子，祭司撒迦利亚和以利沙伯的儿子约翰。这个在旷野里长大的孩子虽然是父母年迈时所得的独生子，但由于他身上特有的灵气和智慧，使得他比其他任何孩子都过早地领悟到这苦难人生的深邃和浩瀚。他似乎早就知道他降生人间的伟大使命，于是，很早就开始了他在约旦河畔的布道生涯。

◇**荒野中的约翰**

约翰的神情有着奇妙的哀婉和魔力，那双赤裸的双脚羞涩地相互摩擦着，他似乎正思索着某种神圣的神秘。紧紧偎在他身边的是他个人品质的象征：上帝的羔羊。

在那片漫漫的旷野里，人们几乎每天都能看到那个身穿骆驼毛衣、腰束皮带、吃着野蜂蜜的年轻人在高喊着："人们，天国就在眼前，罪人们，你们应当悔改！"这声音震撼着太空，让所有的人都能感受到上帝的召唤。于是，不仅是耶路撒冷，整个以色列人都一批批地来到约翰寄身的旷野，听他的布道。在他感人肺腑的布道声中，人们终于开始承认自己是一个罪人，并且请受他的洗礼。约翰说："神能从这些石头中让亚伯拉罕子孙繁衍，神也能让世上一切罪人归于死灭。现在，斧头已经放在树根上，凡结出烂果歪果的树，上帝会挥起他的巨手，砍下这树扔进火里。"约翰又说，"人们，我用上帝的圣水给你们施洗，目的就是要叫你们忏悔。你们等着吧，那后来者将会用火来为你们施洗，他手里拿着簸箕，迎着风，将饱满的麦子收进仓里，而把所有的糠秕用火烧成灰烬。”

人们说：“约翰先生，听着您的布道，我们都知道自己的罪了，可是，我们究竟该怎样做呢？”

约翰说：“如果你们有两件衣裳，就拿出一件来分给那没有衣服的；如果你们有一块面饼，就分出半块给那些饥饿的人吧。”

他告诉那些官吏，让他们不要视百姓如草芥，他希望他们不要过分地压榨百姓的膏脂，不可榨取百姓的半分钱财。对于那些兵士，约翰告诫他们说，千万不要强暴百姓，不要利用手中的武器滥杀无辜。

约翰的布道感动着越来越多的人，人们早就听说上帝的儿子降世，人们便问他说：“约翰先生，难道您就是那应上帝的旨意，肩负着上帝的使命而降生于世的救世主耶稣吗？”约翰赶紧声明说，我不是，我不是基督，连先知也算不上，我只是一个布道者，一个在莽荒的旷野里为真理而呼喊的人。

约翰说：“人们，你们将会看到那光，那是真正的圣灵之光，祥瑞之光，它必将照亮整个大地，驱走黑暗，带来光明，驱走寒冷，带来温暖。至于我，不过是一个替这圣灵之光作证的人，一个为圣子开路的先锋。”

约翰为耶稣施洗

当约翰正在旷野里大声地呼喊，唤醒人们对即将到来的圣灵之光关注的时候，那圣灵之光真的来了。

这一天，约翰的屋子里又聚满了前来听他布道的人，其中的一些人正等着请他施洗。这时，从门外又走进一个人来，那人举止端庄而稳沉，笑容安详而慈悦。约翰一看到他，顿时便感到一股心灵的愉悦，他知道，他长久等待的人终于来了。

多年来，耶稣一直住在拿撒勒，他是一个好儿子，是一个好兄长。为了帮助父母养育弟妹，耶稣每天都在地里挥汗如雨地劳作着。阳光晒黑了他的肌肤，不停的劳作让他的骨骼异常强壮。他高大而健美，充满激情而又异常沉静。

见到耶稣进门，约翰忽然丢开等待受洗的人，大步离开座位向他走去，约翰说：“啊！神的羔羊，除去世人罪孽的人终于来了啊，先生，请坐到我的位置上去吧。”

◇耶稣受洗

约翰向前迈了一步，专心致志地洒洗礼水，耶稣则谦恭地低着头，他的肌肉发达而健美，充满激情又异常沉静。

耶稣当然不肯坐到他的位置上来，他附在约翰的耳边轻轻地说道："先生，我是前来请求受洗的。"

约翰急忙说："呵，不，我们都是罪人，唯独你是圣洁的，我哪有权力为您施洗呢？"然而耶稣轻轻地对约翰说："请您一定满足我，这是我应尽的礼仪。"

耶稣的语气是平和的，但却是坚定的，容不得半点迟疑。于是，约翰只得恭恭敬敬地为他进行了洗礼。过了一会儿，当耶稣从水里出来时，遥远的天边传来一阵悦耳的音乐，人们抬起头朝天空望去，只见那明净的天空像是开出一道天门，万道霞光从天门处直射到这片旷野之上，接着，一群鸽子从天外飞来，落在耶稣的肩上。与此同时，人们听到一个来自天国的声音："呵，耶稣，神的儿子，我最喜悦的儿子。"

魔鬼撒旦的诱惑

受洗后的基督耶稣当然也看到天空中出现的那神奇的一幕，因此他也更自觉地意识到他身上的使命。为了进一步磨练自己的心志和意念，增进他对这罪恶世界的领悟能力，他决定离开家人，来到一处无边的旷野。

到处是荒莽的沙丘，到处是嶙峋的乱石，这儿野兽出没，毒蛇遍地，狂风肆虐，风沙遍地。没有食物，没有水源，而更让人难以忍耐的是荒野的孤寂。然而耶稣凭着对天父上帝的一片赤诚之爱，硬是在这旷野里生活了40天。他似乎并不觉得孤寂，支撑着他的，是他对上帝的信念。40天的时间过去了，耶稣强烈地感受到了腹中难熬的饥饿。就在这时，魔鬼撒旦出现了。他张牙舞爪，面露凶残地对耶稣说："听说你是上帝的儿子，我看到你已经40天没有吃一点东西，没有喝一口水了，来吧，上帝的儿子，随我来，我会为你准备珍肴美味，放弃你清苦的修行，来大饱口福吧。"

说着，撒旦便真的弄来了一地的食物。然而耶稣看也没看，他说："人来到世上，难道仅仅是为了满足口腹之欲吗？一个人只要他热爱上帝，心中被上帝的信念充盈着，所谓珍肴美味又值几何呢？"

40天过去了，撒旦见瘦得皮包骨头的耶稣无所动摇，便把耶稣带到圣城耶路撒冷圣殿的顶上。撒旦挥舞着双手说："跳下来吧，你如果真是上帝的儿子，你自然会毛发无损。否则，你就什么也不是。"

◇引诱基督

任撒旦百般诱惑，也无法动摇耶稣修行的身心，相形之下，耶稣的镇静和蔑视令撒旦胆怯，它的身体后倾，腿在打颤。

耶稣不为所动，他依然坚如磐石般地坐在那里，思考人生的苦难。于是撒旦气急败坏地说："你是什么上帝的儿子啊，你分明是一个胆小鬼，懦夫……"然而，任凭撒旦怎样地嘲弄，怎样地蛊惑，耶稣依然不为所动。

撒旦这回决定孤注一掷，他把耶稣带上一座高山之巅，站在这里，可以俯瞰任何国家的每一座城市，每一处乡村。撒旦让耶稣看见了城市里的灯红酒绿，乡村里的绮丽野景，还有形形色色的美女，烟花巷里的孟浪，坐在权力巅峰上的国王，堆集如山的黄金。撒旦认为，在极目了如此之多的世间美好之后，没有任何人能抵御这些诱惑。撒旦说："看吧，世间的荣华富贵，人生的美好享乐，只要你放弃你的追求，跪倒在我的面前，我能让你得到这所有的一切。"

基督耶稣轻蔑地笑了笑说："我是上帝的儿子，我将以此生侍奉我心中的上帝，我怎么能跪倒在你的面前呢？你去吧，撒旦。"

撒旦无计可施，只得悄悄地离开了耶稣，消失在无边的旷野里。这时，乌云散去，明媚的阳光洒在旷野里，洒在耶稣的身上。洁白的天使飞到耶稣的身边，为他战胜魔鬼撒旦而庆贺，而欣喜。

耶稣在加利利

耶稣初收门徒

耶稣受洗、在旷野中与大自然搏斗以及后来与魔鬼撒旦斗法的事像风一样四处传扬开来。他传奇的经历以及非凡的意志让以色列人看到这位神子的力量。于是，一批批以色列人围聚到耶稣的面前，如痴如醉地听他传播上帝的福音。

耶稣把上帝的福音像春雨一般洒播到每一个以色列人的心田，他希望人们能够自觉忏悔：“天国就在眼前，赶紧忏悔吧，因为你们是罪人。”他告诉人们，上帝是爱这个世界的，爱所有的人，上帝愿意接受每一个人的忏悔，使他们从苦难和失望中解脱出来，在天国里得到永生。

听耶稣传道的人越来越多，他常常马不停蹄地在以色列全境来回奔波，今天到了这儿，明天就得去那儿。在这样的情况下，耶稣开始意识到，仅仅靠自己一人，是无法把上帝的福音传达给这世间的每一个人的，于是，他开始有了收授门徒的想法。这天，他在革尼撒勒湖边为人们传道。远远地，他看到湖岸边有一只小船，船上的兄弟俩都愁眉苦脸。显然，那是两个失败的渔人，他们的名字叫西门和安德烈。一天的传道结束后，耶稣登上了那条渔船，耶稣说，把你的船往湖中央撑撑吧。西门说，没用的，一连几天，我没有打到一条鱼。西门说：“我是个罪人，上帝正在惩罚我。”

耶稣说：“意识到自己的罪，上帝会垂爱于你的。”于是，他和兄弟俩一同把渔船撑到湖的中央。西门撒下网去，他心不在焉，因为他并不抱希望。然而当他开始收网的时候，忽然感觉到网底的沉重。他不相信自己的感觉，于是请摇橹的

◇**打渔的奇迹**

彼德和安德烈当初不过是两个失败的渔人，然而他们很幸运，做了耶稣的门徒。他们的渔网有了不同寻常的收获，他们的人生也从此改弦更张了。

弟弟安德烈一同起网，可仍然无法起动。西门便招呼另一条船上的雅各和约翰兄弟俩来帮忙。网终于收起来了，活蹦乱跳的鱼险些挤破了渔网，4个渔人的收获从来没有如此之多。

西门开始相信，面前的布道者就是耶稣，是上帝派来的儿子。然而在上帝的圣威下，西门感到无比的惭愧，他俯伏在耶稣膝前，说："主啊，请离开我，我是个罪人。"

耶稣将他扶起来说："知罪就好啊！来，跟着我吧，我要叫你在人生的路上如鱼得水。"就这样，西门抛弃了渔业，跟随耶稣做了门徒。耶稣摸着西门的头说："既然已经换了人生，就为你改名叫彼德吧。"这样，彼德就成为第一个得耶稣赐名的人。接着耶稣招收了彼德、安德烈、雅各、约翰，这4人就做了耶稣的第一批门徒。

耶稣带着这4位门徒，准备前往加利利传道。师徒5人刚上路，便碰上了一个叫腓力的人，这人是安德烈和彼德的同乡。当腓力从彼德兄弟口中得知耶稣已收他们为徒后，眼里流露出羡慕的目光。耶稣看出了他的心意，便对他说：“来，跟从我吧。”欣喜若狂的腓力接着又将自己的好朋友拿但业介绍到耶稣的面前，于是，耶稣又收了拿但业做门徒。

让死者复活

耶稣和他的门徒走在加利利郊外的一条小道上。忽然，附近村子里传来一阵哀恸的哭声。接着，走来一支送葬的人群。那死者是一个花季少年，据村人说，这少年是这对老夫妇晚年向上帝祈祷而得的儿子，夫妇俩视若掌上明珠。孩子好不容易长到16岁，不想一场暴病，短短的半天时间，一个美好的生命就这样结束了。

耶稣看着这样的场景，禁不住热泪盈眶，他决定让这个孩子复活。他走上前去安慰那一对老夫妇说：“不要哭，你的儿子还能活。”

送葬的人都停了下来，不知道这位先生到底在说些什么。耶稣走到那少年的尸体旁，用手轻轻地在孩子冰冷的头上摸了一下，只听他轻轻地说：“孩子，你现在可以站起来了。”奇迹发生了，那已死很久的少年竟然真的从棺材里爬了起来。

那一对夫妇自是感激涕零，而目睹这一场景的人们都欢呼起来，他们叫着：“快去看啦，让死人复活，大先知真的来到我们中间了啊！”

附近有一个叫睚鲁的人，夫妇俩也是老来得女，女儿聪明伶俐，十分可爱，也是父母晚年的依靠。这一天女孩儿偶感

◇少年复活

尽管少年已死了很久，身体已经腐臭，令人嫌弃，但耶稣和他的门徒彼德却给他以最温柔的同情。跪着的是少年的母亲，她的目光里充满感激和虔诚，她身后的人群是目击者，他们并没有去看那个死而复活的男孩，而是望向画面之外，那正是耶稣离去的方向。

◇睚鲁女儿的复活

耶稣拉着姑娘的小手，眼里充满爱意，这爱的光茫照亮悲凉的世界，燃起了希望的火花。

风寒，竟然高烧不退，百治无效后眼看着就没救了。恰在这时，耶稣让少年复活的消息传到村里，于是睚鲁连忙找到耶稣借住的地方，扑通一声跪在耶稣面前说："圣人，我女儿快不行了，我老俩口就这么一个女儿呀，求求你呀，救救我女儿吧！"正这么说着，忽然有一个人急匆匆地跑了来说："睚鲁、睚鲁，快回去吧，你女儿已经没气了。"那叫睚鲁的听到这里，忽然昏倒在耶稣的脚旁。耶稣扶住他说："不要难过，不要害怕，只要你信，我就能叫你的女儿复活。"说罢便带着彼德、雅各和雅各的兄弟约翰一同往睚鲁家赶去。

睚鲁家屋子里挤满了人，一片吵吵嚷嚷，睚鲁的妻子正抱着死孩子号啕大哭，村子里人在一旁劝着，也跟着抹眼泪。耶稣走过去说："别哭，别哭，孩子只是睡着了，她累了。"

屋子里人不知他是谁，见他说出这种话来，便没好气地说："你是什么人，人家这里正伤痛欲绝，你竟说出这种话来。"

耶稣走到那孩子身边，见那孩子一头金黄的头发，小小的脸蛋就像红透了的苹果，嘴角仍挂着一丝微笑，便不由分说赶走了一屋子的人，然后拉着她的小手，轻声说道："孩子，我吩咐你起来，出门与你的小伙伴玩去吧！"那小孩子立刻把眼睛睁开，活动了一下手脚，接着就欢蹦乱跳地出门玩去了。睚鲁夫妇从惊喜中醒悟过来，正要感谢圣人，但耶稣趁人不注意，早就带着他的4个门徒不见影了。

耶稣回到自己的家乡拿撒勒，拿撒勒人早就听到关于耶稣的种种传闻，于是，没等他在家乡落脚，就有一群病人等在村头。其中的一个瘫子，据说在床上躺了几十年了，专等着耶稣能让他从病床上爬起来。

耶稣对瘫子说："知道你为什么会这样吗？"

瘫子说："都是因为我造孽太多，上帝惩罚我啊。"

耶稣在他的头上摸了摸说："好的，你的罪赦了。站起来，回家去吧。"

这时有几个文士也闻讯赶到这里，他们一直不相信种种关于耶稣的传闻，决定亲自前来看看。听到耶稣所说的话，文士们不以为然地说：“疯话啊，一句‘你的罪赦了’就能治好病吗？”文士的话刚说完，那个瘫子立即就掀开被子站了起来。人群发出一阵欢呼，文士们自感没趣，只得尴尬地说：“这一回我信了，上帝的力量是无穷的。”

紧接着，耶稣又治好了几个瞎子，几个垂死的病人，耶稣以他神奇的大手将上帝的爱广博地施舍给每一个需要他的人，他也把上帝的福音传给每一个热爱上帝的信众。

水变酒——耶稣显圣

耶稣带着他的几位门徒在以色列全境来回奔波，传播着上帝的福音。这一天，师徒们回到加利利的拿撒勒城的北部迦拿小镇。拿撒勒是耶稣的故乡，耶稣这一次回到故乡来，是为了参加一个亲戚的婚礼。小镇今天一团喜气，镇子中央的广场上摆放了几十张桌子，数百人围聚在桌子旁相互敬酒，互致祝贺。远远地，耶稣看到母亲马利亚人前人后地忙碌着，一会儿为人们上酒，一会儿给人们送菜，忙得不亦乐乎。玛利亚因为是耶稣的母亲，再加上她在小镇上的贤慧名声，不管谁家办喜事，都自然会请她前来帮忙。她也乐意做这些事情。

◇迦拿的婚宴

耶稣从不拒绝任何来自民间的庆典或其他喜庆活动，他觉得那里是他传播上帝福音的最好场合。

耶稣与门徒们的到来，让所有的人都未曾料及，宴会的气氛一下子就达到高潮。人们知道，从前约翰在世的时候，从来不参加任何民间的庆典，约翰总是认为，作为圣徒，理应清苦而圣洁，因此他常常禁食，整天都不吃一点东西。人们敬重约翰，就像仰望一座高不企及的山峰。而耶稣却不同，他是那样随和，不拒绝任何来自民间的庆典或是其他喜庆活动。他也觉得这是他传播上帝福音的最好场合。耶稣要让门徒们知道，虽然自己是上帝的儿子，但他更是百姓的儿子，是百姓的一分子，就像这里的每一个普通人一样，上帝的儿子没有什么特别之处。耶稣要让他的门徒们相信，唯有将自己普通到百姓中间，才能将上帝的福音真正传播到他们中间去。

耶稣与门徒们的突然而至，也让宴会的主人措手不及，因为没有准备足够的酒。正当主人急得抓耳搔腮之时，玛利亚悄悄地来到儿子的面前，她附在耶稣的耳边说：“儿子，酒不够啊，你给想想办法吧。”

耶稣看了母亲一眼，回答她说：“尊贵的夫人，这事与我有什么相干？我刚刚坐下来啊。”

玛利亚并没有为儿子僵硬的回答而尴尬，她知道，儿子是会利用他的神力解决酒不够这一问题的。于是她吩咐仆人们说：“耶稣如果让你们做什么，只管去做就是了。”

过了一会儿，耶稣来到场外，他看见主人家的院子里停放着几口大缸，缸里盛满了洗菜用过的脏水。耶稣对仆人们说：“把缸里的水倒掉，重新装满洁净的水。”仆人们依照吩咐而做了。过了一会儿，焦急的玛利亚再次来到儿子面前：“儿子，酒真的没有了，要是让客人们知道了，那多不好啊！”耶稣说：“我已闻到了酒香，那几口大缸里不全是酒吗？”

玛利亚来到后院，果然，那几个大缸里盛满了浓香的醇酒。酒大桶大桶地上到宴会上，客人们喝着酒，一个个都说：“啊，从来都没喝过这样浓香的酒啊！”婚宴的气氛达到鼎盛。

赶走商贩，维护圣殿

逾越节一天天地靠近了，这是犹太人的重大节日，这一次，耶稣准备在圣城耶路撒冷度过这个喜庆的日子。刚在圣城耶路撒冷落脚，耶稣立即前往圣殿拜见他的圣父耶和华。

很久没来耶路撒冷了，耶稣不知道上帝的圣殿现在是什么样子。走进圣殿，眼

◇**维护圣殿**

耶稣义愤填膺，用绳索当鞭子，向满地的动物抽去，那些商人和兑换货币的人，就像扑克牌一样重叠着到下，收拾起鸡笼、鸭笼四散逃去。

前的情景让耶稣不敢相信自己的眼睛。圣殿的院子里过去是信众们接受布道的地方，那时候，无数人静静地坐在地上，肃穆地聆听着他把上帝的声音像雨露一般洒播到人们的心田里去。然而现在的院子里一片狼藉，满耳是商贩们的叫卖声，满地堆放着等待出售的鸡鸭和牛羊，扑鼻的气味让人窒息。

见此情景，耶稣再也忍不住心中的怒火，他拾起一只鞭子朝那些牛羊身上死劲地抽打着，以发泄心中的愤怒。被抽打的牛羊叫唤着，委屈地冲出圣殿，那些商贩们则用惊奇的目光看着这个愤怒的中年人。终于，那些人认出他就是主的儿子耶稣，他们知道自己做了怎样的恶事，虽然对耶稣的行为深为不满，但却也不好朝耶稣发火。

“这是什么地方你们不知道吗？”耶稣叫着，“这是上帝的圣殿，是传播上帝福音的神圣殿堂，你们为什么要这样肆意亵渎？难道你们忘了当初自己在上帝面前的忏悔了吗？难道你们一颗受洗的心就那么容易被重新污染吗？”

人们低下了头，有的则趁机拎着笼子里的鸡鸭逃了出去，刚才还沸沸扬扬的圣殿顿时变得冷冷清清。

耶稣的行为虽然让一部分人开始觉醒，但却触怒了主持圣殿的祭司和当地的一些文士们。正是这些人背离了上帝的旨意，纵容人们对物质的欲望，将一座神圣的殿堂变成了交易市场，他们好从中渔利。现在，那些商贩们都走了，这些家伙们的利益也没有了。祭司和文士们对耶稣的行为深恶痛绝，虽然他们明里不好再说什么，但却在暗地里谋划着，他们要设法赶走耶稣。

耶稣和他的门徒们打扫了圣殿的院子，清除了堆积的粪便，虽然圣殿仍然污浊，那朽烂的柱子仍然随时有轰然倒塌的可能，但耶稣还是在这里住了下来，他恢复了在耶路撒冷的传道活动。这期间，不断有瞎子前来找他，耶稣便利用神迹让瞎子恢复了视觉；有跛子前来找他，耶稣就又让他们双腿行走如飞。终于，上帝的福音像甘霖一般再次注入他们的心田，让他们重新感受精神的愉悦。耶稣受到人们的尊敬，人们走在大街上会禁不住发出对耶稣的赞叹：“多么伟大的人啊，耶稣让我们重新看到大卫的精灵。”

祭司们不爱听这样的赞语，他们前来责问耶稣：“你觉得你配吗？”

耶稣说：“正如经上所言，‘你从婴儿和吃奶的人的口中听到了赞美的声音。’你既是祭司，对经上的话应该并不陌生。”

祭司又挑衅说：“听说你能显示神迹，那么，你能让这即将倒塌的圣殿在3天之内恢复原样吗？”

耶稣说：“那就请你在3天之内把这座旧殿拆了吧。3天之后，我自然会重新建起一座新殿。”

祭司说：“这座圣殿当初用了46年的时间才大功告成，你竟说3天可以建成新殿，这不是大话吗？”

耶稣说：“那你就等着吧。”

3天过后，奇迹真的发生了，突然在一天清晨，出现在人们面前的圣殿美轮美奂，放射出灼灼金光。人们终于意识到，耶稣就是上帝的儿子，就是那个被上帝派到人间，以拯救人类灵魂的圣人啊。这回祭司们没话可说了。耶稣说：“物质的圣殿可以在3天建成，而精神的圣殿却不是一蹴而成的啊。”

还垂死者以健康

毕士达是耶路撒冷附近的一个小镇，小镇被一条弯弯的小河缠绕着，风景十分旖旎。传说每到逾越节安息日，天使会伸出他的大手搅动河水，河水泛起洁白的浪花，成千上万的人便在那一刻跳进河里进行洗浴，那得病的人顿时痊愈，那虚弱的人顿时强壮。为了方便人们在毕士达的神河里洗浴治病，人们在这儿建了5条长长的走廊，好让病人不论刮风下雨都能以自己的心愿进行洗浴。

当然，也有失望而归者，这些人不但没治好病，反而落得个垂头丧气的下场。

一年一度的逾越节安息日又到了，成千上万的人们又一次涌到了耶路撒冷，涌到了毕士达，毕士达神河的走廊里又传来人们的欢声笑语，还有那虔诚的祈祷声。这时，东方的天际露出一轮灿烂红日，一道彩虹高挂蓝天，忽然，一个巨人出现在神河的上空，只见他伸出大手猛力一挥，于是，河水泛起洁白的浪花，也就在这一刻，无数期盼已久的人们在一声欢呼下跳下河去，毕士达顿时被沉浸在一片欢腾的海洋里。

也许谁也没有发觉，在走廊的一角，正躺着一个垂死的人。他身上盖着一床破旧的棉被，阳光似乎始终不能照到他的身上，他无力地倚起身子，绝望地看着那条给很多人赐福的神河，却只能发出徒然的感叹。他已是38次来毕士达了，38次跳入那条神奇的河流中，然而上帝偏偏不肯垂青于他。这一次，他再也无力跳

◇**廊下治病**

救世主的怜爱之心为廊下人的病痛触动了，他相信自己的能力，他的手放在胸前，表现得从容而自信。

进那条绝望的河流了。他在等死。

就在这时，一个高大的身影走到他的面前，轻轻地揭开他的棉被，看了看他那形同枯木一般的身躯说道：“你想和他们一样身体健康吗？”

病人睁开无力的眼睛看了看来人说：“我不想死啊，我已经来过38次了，可上帝却始终不肯垂爱于我，我只能死。”那人说着，就凄惨地哭了起来。

那人说：“你知道这是为什么吗？”

“先生，就在你走向我的那一刻，我忽然觉得，我是个罪人，所以上帝才这样惩罚我。”

那人笑了，说：“那好吧，上帝愿意帮助一切悔罪的人，你起来吧，你的病已经没了。”

病人又看了看这高大的人，以为他是在同自己开玩笑。然而，他自身的感觉告诉他，他的双腿忽然恢复了力量，他的周身血脉沸腾，他看到死神正离他远去，于是，他用手猛力一撑，竟然站了起来。接着，他又在原地试着走了两步，果然，他就像从来没有病过一样。他扔掉棉被，朝着那些在神河里洗浴的人们疯了般地大叫着：“看啊，我健康了，我现在是一个健壮的男人了，我能够走路了啊！”人们都停止了洗浴，奇怪地看着这个岸上的疯子，更多的人认出他来，知道他就是那个躺在长廊下等待死亡的病人，刚才还听到他在发出垂死的哀叹，现在怎么忽然就走起路来了呢？

直到这时，这人才意识到，是刚才的那位圣人帮他治好了病，等到他回过头来寻找圣人的神迹时，那人却早就不见了。于是，他想起这些年不断得到的关于上帝的儿子耶稣的传闻，他在一刹那间明白了，那个帮他站起来的圣人，就是基督耶稣啊。

革尼撒勒湖畔的宝训

耶稣在加利利传道结束后，又带着他的门徒来到革尼撒勒湖畔的一座山脚下，那儿有一片广袤的草地，耶稣通常就在那里向人们传道。

现在，追随在耶稣膝下的门徒总共有12名，他们是：西门彼德、安德烈、雅各、约翰、腓力、巴多罗买、马太、多马、亚勒腓、达太、奋锐党的西门，以及后来出卖了耶稣的加略人犹大。耶稣的这12名门徒都是一些普通人，有的就是这

◇向十二门徒传道

大家围绕着耶稣，如众星捧月，这次训教是耶稣布道的精髓，他告诫人们，在修行的路上要付出坚毅和努力。

革尼撒勒湖畔的打渔人。每天晚上，耶稣让他的门徒们住在湖畔的小屋里，而他自己却独自走到山上，耶稣在山顶向上帝祈祷："父啊，请救救这些迷途的羔羊吧。"而到了清晨，耶稣又走下山来，这时候，在那片草地上早就聚集了无数等待传道的人。他们果真像一群迷途的羔羊，又像是一群在暗夜里行路的人们，他们急切地需要耶稣向他们传播上帝的声音，让他们知道自己的罪恶所在，从而改恶从善，做一个新人。耶稣在这里同时也为那些快死的人治病，让他们无论肉体还是精神都走向健康的通道。

这一天，耶稣忽然对十二门徒以及众多的信徒说："今天，我要带你们到山顶上去传道，因为那里离上帝最近。"于是，十二门徒以及众多的信众便随着耶稣来到山顶上。耶稣让他们围坐在自己身边，然后开始向他们传道。这时候，山顶上的风息了，温悦的阳光照耀在那一片翠绿的山坡上，大家围绕着耶稣，就像星星围绕着月亮。耶稣在这山顶上传道的内容被人们称为"登山宝训"。大致的内容如下：

虚心的人有福了！因为天国是他们的。
哀恸的人有福了！因为他们必得安慰。
温柔的人有福了！因为他们必承受土壤。
饥渴慕义的人有福了！因为他们必得饱足。
怜恤的人有福了！因为他们必蒙怜恤。
清心的人有福了！因为他们必得见神。
使人和睦的人有福了！因为他们必称为神的儿子。

为义受逼迫的人有福了！因为天国是他们的。

人若因我辱骂你们，逼迫你们，捏造各种坏话毁谤你们，你们就有福了！应当欢喜欢乐！因为你们在天上的赏赐是大的；在你们以前的先知，人也是这样逼迫他们。

耶稣勉励自己的门徒，认为他们是信道的楷模和榜样，他说：

你们是世上的盐。盐若失了味，怎能叫它再咸呢？以后无用，不过丢在外面，被人践踏罢了。

你们是世上的光。城造在山上，是不能隐藏的。人点灯，不放在斗底下，是放在灯台上，就照亮一家的人。你们的光也当这样照在人前，叫他们看见你们的好行为，便将荣耀归给你们在上的父。

人们，不可杀人！杀人的要受法律的制裁。

大家都是上帝的儿子，也都是弟兄，凡无缘无故向弟兄动怒的，难免受审判。

什么誓都不可发。

假如有人打你的右脸，连左脸也让他打。

你们祷告的时候，不可像那假冒为善的法利赛人。

不要为自己积蓄财宝在地上。

人们如痴如醉地听着耶稣的传道，这一天很快就过去了，看看天色已晚，耶稣以一个故事作为此次登山宝训的总结。

耶稣说，从前有兄弟俩合计各造一栋房子。弟兄俩商量所造的房子必须相距不远，外表类似，大小也差不多，看谁造得漂亮，看谁住得经久。弟弟在沙地上挖了一个很浅的坑，就开始在坑里砌砖上梁。哥哥不急不忙，他知道这沙地上建房必须十分小心，于是他把地基挖得很深，一直挖到坚硬的石块露出来时才罢休。等到哥哥搬进自己亲手建造的房子的时候，弟弟已经在他的房子里住很久了。看着哥哥汗流浃背的样子，弟弟的嘴角露出得意的笑。然而不久以后发生的事情改变了这一切，一场暴风雨突然而至，当天夜里，弟弟的漂亮房子随着“轰”的一声巨响，立刻就倒塌了。哥哥拼着性命把弟弟从废墟中救了出来，弟弟顿时羞愧得无地自容。

耶稣以这个故事作为登山宝训的结束，是要告诉人们，千万不要图一时之快，在通往天堂的道路上，是需要拿出十二分的坚毅和努力的。

5块饼和两条鱼

听到约翰被希律王杀害的消息，耶稣十分悲哀。主也是人啊，他想起当年他在随约翰受洗时的情景，很多年来，约翰一直是耶稣的开路人，他每到一地，总是告诉人们说：人啊，那上帝之光即将照彻你们，天堂就在离我们不远的地方，赶紧忏悔吧。

耶稣似乎经受不住这样的打击，他对门徒们说：“找一个安静的地方休息吧，把船划到革尼撒勒湖的另一面去。”于是小船剪开平静的湖水，向着那远方山的倒映处箭一般驶去。然而不等小船靠岸，远远地就看到那山边草地上站着无数的人，这些人是得到耶稣即将到来的消息，特意从很远的地方赶来听耶稣传道的。耶稣当看到这些像迷途的羔羊一般等待上帝福音的人时，浑身顿时充满了力量。他走上岸向大家招招手说：“来，坐在我身边吧，上帝的光照着你们每一个人。”于是，人们又像往常一样围坐在耶稣的身边，听耶稣传道。

也许是约翰被害的消息对耶稣有着太大的刺激，耶稣的声音悲凉而又激昂。耶稣比以往任何时候都清醒地意识到，仅仅让一个人身体得到康复是没有用的，重要的是要让他们的精神得到解放。

人们如痴如醉地听着耶稣的传道，不知不觉已到了午后。门徒腓力悄悄地附在耶稣的耳边说：“主，天不早了，让大家回去吧，我们无法安排这5000人的晚餐。”然而耶稣看着人们那一双双渴盼的眼光，他实在不忍心就此结束他的传道。

◇增饼的神迹

施洗约翰被杀死后，耶稣带着门徒悄悄地到旷野中避风，不想，群众知道后纷纷跟来，听他讲道如醉如痴，以至日平西山，腹中饥饿。耶稣再次发挥神迹，以少变多，以此鼓励人们安心领会他的传道。

天真的快黑了，耶稣的传道终于结束，这时腓力再次对耶稣说：“主，怎么办，这5000人的晚餐怎样解决呢？”

耶稣若无其事地笑了笑说：“真的没有一点儿食物了吗？”

“甚至连我们自己也没有果腹的东西呢。”腓力说着，无力地摊了摊双肩。

耶稣说：“去问问这5000信众，看他们中间还有谁带着食物，哪怕是一点点食物。”

门徒们知道，他们的主又要施展神迹了。于是，12位门徒大声地问道：“你们中间有谁还有食物，哪怕是一点点食物。”

立即就有人报告说，有一个孩子身上有两条咸鱼，另外3个人身上带有5块面饼。耶稣让门徒们把两条咸鱼和5块饼全部拿来，接下来，耶稣便当着5000人的面，将那一点可怜的食物一点一点地用手掰开。门徒们的工作则是拿着一只只空筐等候在耶稣的身边，将耶稣所分出的食物一筐一筐地分发给5000信众。这真是一顿丰盛的晚餐，不仅有饼，还有咸鱼，5000人一个个吃得打起了饱嗝。然而人们看到耶稣还在不停地将咸鱼和面饼一块块的掰开，他吩咐门徒们说，这是上帝所赐的食物，让他们带回家去吧。

最后的晚餐

见利忘义的犹大

“你们不是一直要抓捕耶稣吗？我可以帮助你们。”

耶稣的门徒犹大一走进耶路撒冷祭司长的屋子，便立即通报了自己前来的目的。祭司长和耶路撒冷上层公会的文士们一直在想办法抓捕耶稣，然而却一直不得要领。现在，耶稣的门徒犹大竟然主动地上门邀功，祭司长似乎一下子不能相信这就是事实。

“我说的是真话，我可以帮助你们。”犹大再一次说。

这一次，祭司长从犹大可怜的目光中终于意识到这的确是一个事实，于是祭司长说：“你为什么要帮助我们？这不会是一个阴谋吧。”

犹大说：“我没有骗你。但是，我如果把耶稣交给你们，你们愿意出多少？”

祭司长终于明白了犹大的意图，他用鄙视的目光盯着耶稣的这个最卑鄙的门徒，像是盯着一堆臭狗屎：“你希望得到多少？”

“至少是30个银币。”犹大毫不在乎对方目光中的不屑。这些年来，他跟着耶稣，的确是穷够了，他需要钱，只要有钱，他什么也不在乎。于是，祭司长答应了他，答应他只要抓到了耶稣，就立即将30个银币付于他。

犹大告诉祭司长说：“逾越节那天晚上，耶稣要带着他的门徒到克西尼马园去行祷告，你们可在那时带着士兵前去抓他。”

祭司长满意地点了点头：“那时月黑风高，什么也看不见，而且我们也没和耶稣见过面，要是抓错了人怎么办呢？”

“你放心，”犹大说，“到时候，如果你们看到我亲吻谁，谁就是你们要抓的人。”

这是以色列历史上最黑暗也是最丑陋的一个夜晚，正是在这个夜晚，一桩最肮脏的交易终于达成，耶稣的门徒犹大为了得到30个银币而出卖了主耶稣。

最后的晚餐

临近逾越节的日子是耶稣生平中最悲壮的时候，因为他以自己的神迹预见到，再过两天，自己就要被害而走向十字架。然而耶稣依然平静地在圣殿里举行祷告，就像什么事也不会发生一样。这时，进来两名贫穷的寡妇，她们将手中最后的两枚小钱送进了银库。虽然在这座圣殿里人们向上帝奉献钱财早已让人司空见惯，但这两名贫穷的寡妇却让耶稣异常感动，她们贫穷，但她们却从不忘记向上帝奉献自己一颗虔敬的爱心。

◇最后的晚餐

耶稣组织这次圣餐是一件极其悲壮的事情，实际上，圣徒都毫无所知。只有犹大（左下首）的表情异常激动，他很痛苦，想拒绝主人耶稣极信任地交给朋友们的礼物。

耶稣走出圣殿后就再也没有走进去，从那一刻到第二天傍晚，圣殿里异常寂静，后来的人们便称这段时间为“寂静日”。

犹太历1月14日是犹太人传统的逾越节，这一天所有的犹太人都要宰杀羔羊，为当天晚上的逾越节宴会做着准备。逾越节的上午，耶稣吩咐门徒们说：“今天晚上，我要和你们共进晚餐。”他让他的门徒彼德到耶路撒冷的一家饭店预订下一桌宴席。

到了晚上，耶稣与门徒走进那家饭店。刚刚落座，耶稣便对门徒们说：“这是我最后的晚宴。”门徒们见耶稣说出这样的话来，一个个不知所以。耶稣举起酒杯依次走到门徒的面前，同他们一一碰杯，然后一口喝掉杯中的葡萄汁。耶稣说：“看啦，这是我用血与你们所立的新约，我的血是为你们而流出来的，是为万民而流出来的。”

彼德看着耶稣说：“主，灾难是不可避免的吗？”

“是的，”耶稣说，“你们中间有人出卖了我。”

门徒们的情绪激动起来，于是纷纷问道：“谁？是谁干出这样的事情？”

“你们自会看到，那出卖我的人的手与我同放在一张桌上。人子固然要照上帝的安排走向天国，但出卖人子的人也逃不脱上帝对他的惩罚。”耶稣说着，拿眼睛朝所有的门徒都扫了一眼。

门徒们面面相觑，耶稣则拿起一块饼递给犹大，于是，11个门徒的目光就都集中在了那个人的身上。犹大面色惨白，他的手在颤抖着，但他却故作镇定，显出一副十分委屈的模样问：“主，你是指我吗？你不会是在开玩笑吧？”

耶稣看着这个卑鄙的门徒，再也禁不住满腔的愤怒，他大声地叫着说：“去吧，你想要做的就快点做吧。”

在众人愤怒的目光中，犹大仓皇地逃出门去。然而直到这时那11个门徒仍然不肯相信这样的事实，他们一时都愣在那里不知所措。

犹大走后，耶稣又拿起饼来向大家祝福，然后将饼掰开递给门徒们，说：“吃吧，这是我的身体，是为你们舍的，为万民而舍的，你们也应该照着我去做，这是对我最好的纪念。”

吃完饼，耶稣又举起杯来对门徒们说：“你们喝吧，这杯是用我的血所立的新约，是为你们流出来的，使你们的罪都得到赦免。但我告诉你们：从今以后，我不再喝这葡萄汁了，直到我在天国同你们相聚的日子。我也不再吃这宴席，直到我们相聚在上帝那里。”

耶稣与门徒们的晚宴就这样无声地结束了。这实在是世上最悲壮的晚宴，耶稣与门徒们最后的晚宴。耶稣与11位门徒吃完饭，喝完酒，唱着诗，便一同往橄榄山克西尼马园而去。

与门徒诀别

耶稣与门徒行走在通往橄榄山的路上。

这是一个黑暗的夜晚，肆虐的风无情地扑打着耶稣和门徒们的脸，远处的河水发出阵阵呜咽。不知是哪一位门徒忽然轻声地啜泣起来。耶稣回过头说："不要悲伤，如今上帝之子得到了荣耀，上帝在他的儿子身上也得到了荣耀，上帝要以自己的荣耀荣耀他的儿子。记住，我离开你们之后，你们要彼此相爱，我怎样爱你们，你们也要怎样相爱，在这个污浊的世界上，你们若有彼此相爱的心，众人就因此而知道：呵，这些人就是耶稣的门徒。"

彼德叫道："主啊，你到底要往哪里去呢？"

耶稣回答说："我所去的地方，你现在不能跟我去，但将来你们都是要去的。就是这样。"

耶稣转身又对大家说："今后，你们因为我的缘故都要跌倒，因为经上记着说'我要击打牧人，羊就分散了'。但我复活以后，要在你们之前到加利利去。"

彼德不很明白耶稣的话，但他听耶稣说"你们因为我的缘故都要跌倒"，便说："主啊，虽然大家因为你的缘故跌倒，我却永不跌倒。"

耶稣说："彼德，我告诉你，今夜鸡未叫之前，你要3次说不认得我，懂吗？"

彼德说："我做不到，我就是必须同你一起死，也不能否认你是我的先生，我万能的主。"11位门徒也都异口同声地说道："是的，我们不能否认你是我们的主。"

门徒多马悲伤地说："主啊，我们不知道你往哪里去，将来怎么能认出那条路呢？"

耶稣说："我就是道路，我就是真理，我就是你们生命的全部，如果不依照我的道路行走，将来没有人能到我的天父那里去。"

腓力说："求主将天父显给我们看吧，这样也不枉我们追随主这么多年了。"

耶稣说："腓力，你们追随我这么多年，还不认识我吗？要知道，我就是天父，天父就是我，我在天父里，天父在我里。这么多年，你们没有从我所做的一切中看出来吗？难道我所做的一切，不是按照上帝的旨意去完成、去实现的吗？怎么现在还要提出将天父显给我们看这样的傻话呢？"

见门徒们不再出声，耶稣又说："你们如果真的爱我，就必须按我的话去做，虽然我离开了你们，但上帝与你们同在。遵守我的命令，我要求父亲，父亲就会另外赐给你们一位保惠师，叫他永远与你们同在，我也与你们同在。”

这时已是夜半时分，耶稣知道，再过一会儿，他就要与门徒们诀别，他希望自己能多同门徒们说一会儿话，多给他们一些教诲。耶稣说：“我是一棵天父所植的葡萄树，那不能结出善果的枝，天父都要剪去，凡能结出善果的，他都要精心修理。你们应当相信，不是你们选择了我，而是我选择了你们，是我让你们硕果常存。”

克西尼马园

克西尼马园今夜异常寂静，林子里的树无声地肃立在那儿，仿佛是为了向人主耶稣作最后的敬礼。走进园子里的那片沾满露水的草地上，耶稣说：“你们在这儿坐一会儿，我去那边祷告。”于是，耶稣带着彼德和约翰、雅各3人走了过去。

◇庄园之忧闷

整个画面如定格的雕塑，岩石棱角分明，3个门徒沉沉睡去，抓捕的兵士们浩浩荡荡向这边走来，而耶稣仍镇定自若地祈祷，整个画面笼罩着忧伤、尊贵、沉寂、神秘的氛围。

◇犹大之吻

正如耶稣所料，犹大随后来到克西尼马，以接吻为号指认耶稣，将耶稣交到祭司长手里。所以“犹大的吻”后来就变成了“叛卖”的代表词。

耶稣向3个门徒说：“你们先在这儿休息，但你们千万不要睡着，要与我一同警醒于这片无边的黑暗。”耶稣说着，便向园子的深处走去。

耶稣走了约一丈远，便俯伏在地，这时，他看到天父正坐在一处用忧伤的眼睛看着他，于是他祷告说：“我父啊，如果您觉得可以，求你叫这苦难离开我，当然，也求您不要照我的意思去做，您要按照您自己的心意去做。”

上帝铁青着脸，默默地坐在那里。耶稣知道，人类的苦难太深了，上帝已不可能第二次做出毁灭人类的绝举来，上帝只能让他的儿子替人类赎罪。

第一次祷告完毕，耶稣回到门徒那里，见他们睡着了，耶稣略感失望地说：“呵，你们就不能同我一同警醒片刻吗？”于是，他第二次又去祷告说：“我父啊，这杯苦酒如果命中注定我必须喝下，我愿按您的意旨去做。”他看到上帝背转身去，然而上帝仍不发声。

耶稣一共祷告了3次，3次回到门徒们的身旁，门徒依然沉睡不醒。于是耶稣不得不把他们全都叫醒：“醒醒吧，孩子们，出卖我的人走近了。”

耶稣的话音刚落，他的门徒犹大就带着一帮人扑进了园子。那些人打着灯笼火把，夜火映照着他们肩上的刀，发出道道寒光。

犹大一走近耶稣便若无其事地说：“先生，给您请安。”然后便将嘴凑近了耶稣。

耶稣躲开他的嘴说：“朋友，你终于把你要做的事做了！”一群兵士扑上前，他们将耶稣团团围住。门徒们大惊失色，一时都愣在那里。直到这时，他们才领会这些天来耶稣所有话语的真实含意。西门彼德抽出刀来朝那些兵士砍去，一道血光闪过，一个士兵的右耳落到地上。那士兵惨叫一声，西门彼德正要砍去第二刀，却听到耶稣大声地喝道：“住手！那杀人的，必然要被人所杀。”耶稣从地上拾起那士兵的耳朵，然后轻轻地按到伤者的伤处，刹那间，那被削的耳朵便完好无损了。

11位门徒正要与兵士们格斗，耶稣喝住了他们说："我在你们熟睡时不是已经求过天父了吗，我说，如果这杯苦酒必须由我来喝，那就按上帝的意旨行事吧。既然是我父亲赐我苦酒，我又怎能不喝呢？"

耶稣说完又转身朝着那帮人说："我每天都在圣殿里给万民布道你们不抓我，却要在这黑夜里带着刀棒来抓我，是因为黑夜遮住了你们丑陋的面孔吗？"

一个领头的士兵大声地说："谁是拿撒勒的耶稣！"没有人逃跑，没有人反抗，这反倒使抓惯了人的士兵觉得不可思议了。耶稣再次说："我已经告诉你们我就是耶稣，你如果需要我同你们走，就让他们走吧。"趁着黑夜，门徒们纷纷逃走了。

彼德3次否认

耶路撒冷祭司长该亚法的家里灯火通明，院子里到处都是拿着刀棒的士兵。出出进进的人们显得十分忙乱，人人的脸上都带着紧张和恐惧的表情。耶稣被人捆绑着带到该亚法家的院子里，耶路撒冷上层公会的领袖

◇彼德不认主

耶稣被捕后，彼德混在人群中跟进大祭司的院子，和众人一起烤火，有人3次指认他，他都加以否认。天亮后，耶稣被押走，彼德想起耶稣临走时对他的严厉教诲，眼中充满泪水。

们、千夫长、祭司长该亚法以及该亚法的岳父老祭司亚那等人早就等候在这里，准备连夜突审耶稣。

西门彼德远远地跟着耶稣，他的眼里充满了怒火，他准备看准机会救出耶稣。

看守院门的士兵似乎认出西门彼德就是耶稣的门徒，那人问道："你是西门彼德吗，你不是耶稣的门徒吗？"

西门彼德想起耶稣先前曾说"今夜鸡未叫之前，你要3次说不认得我"，于是便否认说："不是，我是为里面送炭火来的。"那人信以为真，就放他进去了。走到大祭司的院子里，一名巡逻的士兵又朝彼德看了看说："你好像是耶稣的一个门徒？"彼德又说："不是。"说着就低着头走了进去。然而那个被他削掉耳朵的士兵却盯着他看了半天，然后说："这家伙刚才差一点削掉我的耳朵，现在怎么到这儿来了？"彼德说："你看错人了，我什么时候削了你的耳朵呢？"那士兵说："我刚才在克西尼马园分明看见了你，怎么不是你呢？"这时，正好彼德的一个朋友经过这里，便说："他不叫彼德，他叫马丁，他家就在附近。"那士兵朝彼德又看了看，就走开了。彼德蹲下来开始点火烧炭，一边观察着院子里的动静。

这时鸡叫了，耶稣被人押来，他一眼就看到了门徒彼德。就在他们眼光相碰的一刹那，彼德从耶稣严厉的眼光中看出耶稣对他最后的教诲："那杀人者，必然被人所杀。"彼德强忍着泪水，不得不朝耶稣最后地看了一眼，然后转身向院外跑去。

耶稣被污辱

夜黑沉沉的，像是蒙上了一团污黑的布幕，耶路撒冷的居民们大部分都沉入香甜的梦中，他们并不知道，在大祭司该亚法的院子里，一场邪恶的审判正在进行。他们当然也不会知道，再过一些时候，上帝之子耶稣就要被这邪恶的势力钉上十字架。

以色列上层公会以及祭司长们选择这样墨黑的夜晚对耶稣进行突审，就是要赶在耶路撒冷信众清晨醒来之前将耶稣钉上十字架。

耶稣被押到院子里，该亚法的岳父，上任大祭司亚那担任主审，而陪审团的成员则是以色列上层公会的领袖以及千夫长们。

"你说，你到底有多少门徒？他们都是些什么人？"亚那威严地说。

耶稣站在那里，他看着天上的星星，他看到上帝正闭上眼睛，看着他的儿子替万民受过。

亚那又说："你整天传的是什么道，你传道的内容到底是什么？"

这一次他回答说："我每天都在圣殿里公开地向人传道，不论是大人还是孩子，只要他是上帝的公民，都可以前来听我传道。我传道的内容，无论大人还是孩子都非常清楚，你一定要以这样的方式问我吗？"

一个奴才觉得耶稣对亚那太不礼貌，或许他是要在主子面前邀功，便走上前去打了耶稣一耳光，并且恶狠狠地说："难道你就这么不礼貌地回答大祭司的问话吗？"

耶稣看了看这个可怜的人说："你为什么要打我呢？难道我说错了什么吗？"

时间过得很快，眼看着天就要亮了，以色列上层公会的领袖们找不到一件值得控告耶稣的证据。最后，他们不知道从什么地方找来了两个证人，那证人说："我们听见这人说，我能拆毁上帝的圣殿，3日内又再建造起一座新的殿来。"

亚那说："听到了吧，这就是证据。"

耶稣笑了笑，他没有说话。

一直不出声的该亚法觉得自己应该提出一些质问耶稣的言辞，他说："我指着永生上帝，现在你起誓，你是上帝的儿子基督吗？"

耶稣看着该亚法的眼睛严肃而平静地说："你说的是！"

祭司长该亚法气得满脸通红，他一下子

◇**耶稣受辱**

耶稣面对污辱，异常平静，他知道他是在替万民受过。看着眼前无知的人群，他有着源自内心的哀痛和唤醒世人心灵的意念。

撕破了自己的衣服，然后对众人说："现在你们都听到了吧，他竟然是上帝的儿子基督，太可怕了！太可怕了！一个木匠的儿子，居然声称自己是上帝的儿子。这是多么狂妄的言词，这里面隐藏着多么阴毒的计谋。你们都听到了，现在，你们觉得怎么处置他呢？"

这其实是该亚法所使用的煽动的言词，于是，围在一旁的士兵以及奴才们一哄而上，他们蒙住耶稣的双眼，然后朝耶稣吐唾沫，朝他的脸上、头上和身上挥舞着拳头，发泄着他们人性中原本野蛮的欲望，他们就是以这样的方式无情地羞辱耶稣，一边嘲笑他，说："你如果真是上帝的儿子基督，自然知道打你的是谁。基督啊，先知啊，上帝的儿子啊，告诉我们，打你的是谁呢？"

耶稣像大树一样挺立着，却不发出一点声音。他知道，现在是他替万民受过的时候，上帝正在为他的儿子流泪。

天亮了，耶路撒冷上层公会的领袖们终于作出决定，要处耶稣以死刑。他们把他捆绑了，交给了罗马巡抚彼拉多。

关于圣十字架圣材的传说

亚当年老病危时，他的儿子赛特向上帝祈求慈悲的树油来拯救亚当，天使圣米加罗折了一枝引起亚当夏娃犯下原罪的善恶之树的小枝，代替树油，教他种植在亚当的尸骨上，霎时，小枝就变成了一株小树。

到所罗门时期，这棵树枝叶繁茂，所罗门为其所动，准备用它来建造圣殿，可是这株木材放在哪里都不合尺寸，于是所罗门就把它放在池塘上架了一座桥，后来示巴女王来朝见所罗门，她受到了救世主的启示，告诫所罗门把这一圣材深埋地下。若干年后，因池塘里的水奔涌不绝，木材浮上了水面，犹太人就用它做了十字架，就是后来用来钉耶稣的十字架。耶稣受难后，十字架被埋在了各各他（骷髅山）。

卖主者犹大的结局

这期间，耶稣的门徒，那个出卖了主的犹大一直躲在一个暗处。他目睹了耶稣受辱的整个过程，他的心也在这无形的炼狱里经受着痛苦的冶炼。他在悄悄地哭泣，他在悄悄地流泪，他在为自己的卖主行为进行着正义或邪恶的选择。他的手中托着一只钱袋，那里面是他刚刚得到的30个银币。30个银币不能算少，犹大在他这一辈子从来还不曾见到过30个银币，然而此刻他提着这些银子，就像是提着一条随时爬出来咬他一口的凶猛的毒蛇。

直到耶稣被人押解着走出院子，犹大终于从黑暗中走了出来，他满脸是泪，可怜巴巴地追着耶稣的背影走了很长的路程，直到再也看不见耶稣了，这才疯了般

◇搬运圣材

地跑回该亚法的院子，一边疯了般地叫着："我卖了无辜人的血了，那血是耶稣的血，是上帝的血啊，我的天！我都做了些什么呀！苍天！"

他一路哭叫着，正好与该亚法迎面相遇，于是，他将那刚刚被他捂热的30个银币一把推到该亚法的怀里，大声地说："我卖了无辜人的血了，那是耶稣的血，是上帝的血呀！"

祭司长冷笑着看着这个疯子说："那与我有什么相干？你自己的选择，你自己承当吧！"

该亚法不收那钱，他觉得那钱上已经沾上了污秽，谁要了这钱都不吉利。犹大站在那里疯了般地哭叫着："我卖了无辜人的血了，耶稣的血，上帝的血呀！"

谁也不再理他，人们看着他那可怜的样子，就像是在看一条被人遗弃的狗。于是，犹大转身跑进了圣殿，将那钱一把就丢了进去。接着，人们看见犹大跑进了耶路撒冷郊外的一片树林里，他将一根绳子挂到树上，然后再把自己套进绳子里。

有祭司把那30个银币交给了该亚法，祭司长说："这是血价，不可放在库里。"他们商议，就用那银子在耶路撒冷郊外买了一块田，用以埋葬外乡人。那块田也就被人们称为"血田"。

查不出他有什么罪

这一天是犹太人的传统节日逾越节，人们载歌载舞，庆祝自己的节日，然而，人主耶稣却被祭司该亚法押解到彼拉多的巡抚衙门，彼拉多说："你们为什么不自己杀了他？"

祭司长说："你知道的，教会没有杀人的权力。"

彼拉多说："这人究竟犯了什么罪？"

"祸国殃民，鼓动对该撒王抗税，甚至狂妄地说自己是真理的化身，是王。"

彼拉多转身问耶稣说："你真的是犹太人的王，是真理的化身吗？"

使徒

使徒是对耶稣几个伙伴或弟子的称谓，耶稣选择他们向世界传播他的福音。

耶稣回答说：“是的，我为此而生，也为此来到世间，为真理而作见证。”

过了一会儿，彼拉多走出来向祭司长该亚法等人说：“我查不出这人有什么罪过。”

该亚法恼怒地叫着：“他煽动百姓，在犹太遍地传道，从加利利又到耶路撒冷。”

彼拉多不敢得罪这些以色列祭司，他知道耶稣是加利利人，于是就将他送到了希律王那里。然而希律王并不愿接受这件棘手的案子，耶稣再次被送到彼拉多的衙门。

按照犹太族的传统，逾越节这一天必须赦免一名罪人，祭司长想以此为由放了耶稣，便说：“既然查不出他有什么犯罪的根据，今天是逾越节，我看就将他痛打一顿，然后赦免了吧。”然而上层公会的领袖们却叫着：“除掉耶稣！释放罪人巴拉巴！”

彼拉多觉得这些祭司们真是疯了，为了要除掉耶稣，竟然黑白颠倒，要将那杀人不眨眼的恶魔巴拉巴赦免，看来，耶稣的确是做了让这些家伙头疼的事情了。这些人不除掉耶稣决不罢休。

祭司长和长老们又唆使一些耶路撒冷的百姓叫着：“除掉耶稣，赦免巴拉巴！”

祭司长该亚法也叫着：“你如果释放了这个人，就是对该撒的不忠。耶稣自以为王，是对罗马王该撒的背叛。”

彼拉多觉得自己再也无法赦免这个无辜的人了，于是便决定将耶稣钉上十字架。

骷髅十字架

耶路撒冷城外北边的各各他山上，寒风肆虐，噪鸦四起，一派肃杀。“各各他”意为“骷髅地”，历来为罗马处死犹太人的刑场。钉十字架，这是一种最残酷的死刑，被钉在十字架上的人，要在经受很长时间的痛苦之后才会死去，罗马当局也借此向百姓示众，让人们看到罪犯的下场。

耶稣被人捆绑着一步一步向骷髅地走去。遭受一次又一次鞭打的耶稣已心力交瘁，连走路也迈不动脚步了。他每走一步，都要付出沉重的代价。在他的身后，是无数耶路撒冷的百姓，一些人眼看着耶稣即将被钉上十字架而发出悲痛的哭声。耶稣转身对百姓们说：“不要为我哭，日子已到，旷古未有的劫难即将到来，为自己和自己的儿女而哭吧。”

在人群中，耶稣看到了自己的母亲玛利亚，还有其他人的母亲，他知道，这所有的母亲都将经受着失去儿子的痛苦。犹太民族就像一棵枯死的老树，再也难经受住罗马人的蹂躏和摧残了。在人群中耶稣还看到他的门徒约翰，约翰一直跟随着十字架来到骷髅山上。

罗马酷刑

古罗马人用强权来统治他们的帝国。许多罪行都要处死刑，执行死刑的方式有多种，较残酷有名的有：剑刺、斧劈或石击，最残酷的为钉十字架，这种死刑让犯人慢慢死去，受尽痛苦。做法是将犯人的双臂高举过头，绑在一根木柱上，或伸展两臂，钉在十字架上，造成肺部功能逐渐衰弱，窒息而死。

到了各各他，刽子手们拿了苦胆和没药调和的酒让耶稣喝，耶稣拒绝了。他抬头看了看天国，他看到上帝在哭泣。他理解上帝此时的苦痛，作为圣子，他宁愿清醒地为救赎人类而喝掉天父让他喝的苦酒，而不去喝刽子手们的那种让人迷醉的东西。

就这样，耶稣清醒地被人钉到了十字架上。他的脖子上挂着一个牌子，上面用希伯来语、罗马语和希利尼语3种文字写着：“犹太人的主，拿撒勒人耶稣。”为了这个牌子，犹太人的祭司长对彼拉多大光其火，他们说：“应该写上‘他自称为犹太人的主’。”但是彼拉多坚持这样的写法，他说“已经写好了的，就不可再行更改。”

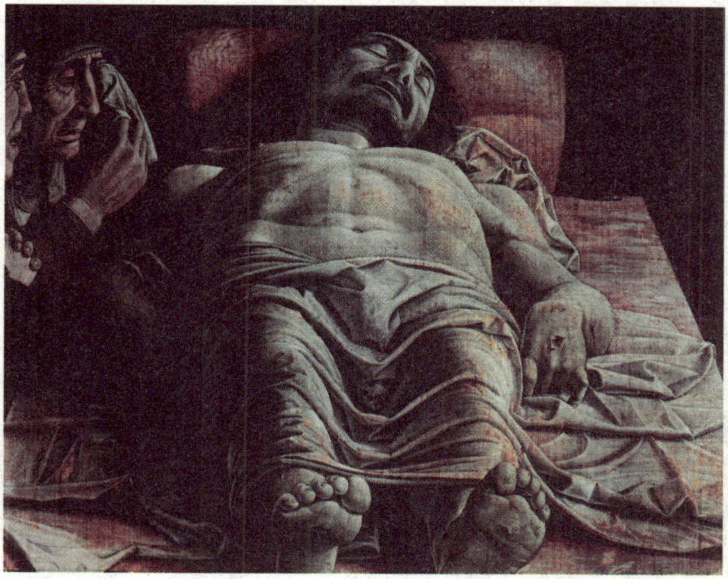

◇**哀悼基督**

这画面令人唏嘘，继而产生钦佩，他身上的钉孔已不再有血渗出，从这个角度看耶稣，会更多体悟到一个男人在接受死亡时所做的牺牲。

为了表示对耶稣的污辱，同时被钉在十字架上的还有两个打家劫舍的强盗。这两个强盗一个被钉在他的左边，一个被钉在他的右边。

祭司长以及耶路撒冷公会的长老们站在十字架下看着耶稣在经受着苦刑的折磨，他们笑着、叫着说："你既然是上帝的儿子，就让上帝救你下来吧。"

耶稣并不理会那些人的讥讽，他忍受着疼痛在为钉他上十字架的刽子祈祷说："父啊，赦免他们。因为他们所作的，他们自己并不知晓。"

安详地离去 

太阳从骷髅高地一点一点地褪尽它最后的光线，骷髅地上寒风萧索，遍处黄沙。从上午耶稣被钉上十字架到傍黑时分，耶稣已经被钉在十字架上近一天的时间了。天渐渐地黑了，四野再也看不到一个人影，那两个强盗由于忍受不住被钉的疼痛，早已昏死过去，耶稣忽然抬起头朝着墨黑的天空大声喊着说："我的神，我的上帝！为什么你要离我而去？"

百夫长以及看守耶稣的士兵听到耶稣所发出的声音便说："听啊，耶稣在呼叫先知以利亚呢！以利亚能救他吗？"这时，远处传来耶路撒冷居民欢庆逾越节的歌唱声，有隆隆的雷声从远方传来，大地发出微微的震动，耶稣知道，上帝救赎人类的事已大功告成了，他来到人间的义务也已经完成，于是，他喃喃而语："呵，成了！"安详地闭上了眼睛。

就在这一刻，耶路撒冷圣殿的幔子忽然裂成两半，寒冬里传来几声震耳欲聋的雷声，大地震动，山石崩裂，那埋藏着先知和圣徒的坟墓也裂了开来，所有的圣体都复活了，他们从坟墓里走出来，走进了圣城耶路撒冷，开始向人们显形。

百夫长和看守耶稣的士兵目睹了这所有的一切，顿时惊吓得魂不附体，他们说："啊，这个人真的是上帝的儿子！"所有目睹这一切的人也都捶着自己的胸从骷髅山跑下去了。

耶稣真的复活了

耶稣的圣体被人埋在坟墓里，因为耶稣曾说过死后3日复活，罗马当局在耶稣的坟墓上压了很多巨石，以防耶稣真的从坟墓里爬起来，并且又派了十几名士兵专门地看守在坟墓旁。安息日后，几名来自加利利的妇女带着香膏来到耶稣的墓地，她们想按照自己的意愿，为她们的主耶稣涂抹香膏。远远的，她们看到那一堆土丘，土丘上被人覆盖着几块巨大的石头，几名彼拉多的士兵手持刀棒虎视眈眈地守在坟墓旁。

见此情形，加利利妇女不禁悲从中来，她们伤心地哭泣起来。此刻，依着她们的意愿，真想用手扒开坟墓，为她们的主涂抹香膏，然而，几块巨石，一层黄土，却将她们的主耶稣与她们相隔开来。一个妇女边哭边用手扒着那些大石说："上帝啊，请让这些石头滚开吧，我们要见耶稣。"话音未了，忽然刮起一阵大风，大地发出震动之响，只见满天黄尘，飞沙走石，昏天黑地中，那几块压在耶稣坟墓上的巨石不知什么时候竟忽然被风掀翻。这时，在场的人都看见，有两个白衣天使正凛然地坐在坟墓上，那几个看守坟墓的士兵见了，吓得一个个逃离了坟墓。那几名妇女却不离开，过了好久，大风息了，天变得清朗起来，而那个白衣人仍在。妇女们朝坟墓看去，只见坟墓洞开，里面却不见了耶稣的圣体。妇女们大哭起来。

天使说："为什么哭？"

妇女们说："是谁将我们的主坟墓挖开，挪走了他的圣体，请告诉我们。"

天使说："你看他是谁？"

妇女们转身看去，却见耶稣坐在那里。耶稣轻轻地说："玛利亚啊！"

妇女们见果然是耶稣，一个个又惊又喜，连忙跑下山去，将这惊人的消息在耶路撒冷四处传扬开来。她们首先来到耶稣的门徒西门彼德和约翰那里，将在坟墓旁遇见的一切详细地告诉了两位门徒。西门彼德和约翰拔腿就朝耶稣的坟墓跑去，出现在他们面前的只是一眼空穴，穴中那裹着耶稣尸体的麻布尚存，却不见了耶稣的尸体。直到这时，他们才相信，他们的主耶稣真的复活了。

◇**耶稣复活**

如神所说，卫兵没有睡觉，死而复生的基督头顶光环，他似乎是从完全紧闭的石棺脱身而出。

来自天国的教诲

◇基督升天

耶稣被钉上十字架后，耶稣的门徒们大部分又回到原先的那片水域重操旧业，干起了打渔的营生。

这一天的运气很不好，辛苦了一天，他们连一条鱼也没捞到。第二天清晨，他们继续出海打渔，撒了几十次网，依然一无所获。这时，西门彼德看见海岸上站着一个穿着白色衣袍的人，那人向他们招着手说："孩子们，把网撒在船的右边，你们会有好收成的。"他们不知道那人是谁，但却照着他的话撒下网去，果然一网比一网沉重，一网比一网收获更多。门徒们抬头再看那岸上的人，刹那间，人们似乎意识到什么，眼前这一幕与当初耶稣在海边呼唤他们的那一幕何等相似！

耶稣最爱的门徒约翰一下子醒悟过来，他对彼德说："是主！"说着，便不顾一切地跳下海去，向耶稣显现的岸边游了过去。其余的门徒也一齐奋力划船上岸。岸上升起了一堆炭火，火堆旁有烤熟的鱼、喷香的面饼，还有新鲜的葡萄汁。他们知道，这是复活了的主为他们准备的早餐。这是久违了的早餐，久违了的欢乐，耶稣和他的门徒们欢聚在一起，门徒们感到，久违的幸福正徐徐向他们而来。

不久，11 位门徒按照复活了的耶稣的约定来到加利利，在一座山上，他们果然再次见到了他们的主耶稣。耶稣说："上帝将所有天上地下都赐予我了，现在，你们要去行使耶稣门徒的使命，让万民皈依于我，作我的门徒，以圣父、圣子、圣灵的名义让他们悔罪，给他们施洗。凡是过去我吩咐你们做的，你们都教导他们去做，如果这样，我就永远与你们同在，直到世界末日。"

门徒们按照耶稣的吩咐，放弃打渔的生涯，回到耶路撒冷等候圣灵降临。就在五旬节前 10 天左右，耶稣领他们到伯大尼对面的橄榄山上，举手给他们祝福。祝福既毕，耶稣就离开他们，随着一朵祥云，飘升入天。

精神永承

门徒聚会缅怀耶稣

5月的一天，耶稣的11位门徒从加利利来到耶路撒冷，与100多位耶稣的信奉者们聚集在一所房子里，共同缅怀耶稣的离世，庆祝耶稣的复活与升天。在一种悲壮的气氛里，大家默默无语，任时间在一点一点地过去。

耶稣的第一位门徒彼德首先打破沉默说："主虽然离我们而去，但是，蒙上帝感召，主现在终于复活，而且升天了。主现在虽然不在我们中间了，但是，上帝的福音必须由我们继续地传承下去，唯有这样，才不愧我们是耶稣的门徒。"

大家都觉得彼德的话说得真是太好了，大家都说："我们必须扩大主的门徒队伍，让所有的门徒深入到以色列各地，分散到各种人中间，说着他们的方言，传播耶稣的主张。"

大家的精神开始振奋，彼德又说："我们原本是12位门徒，出卖主耶稣的犹大终于得到了他应得的下场，现在就剩下我们11位门徒了。过去圣灵曾借大卫的口说过这样的话，'愿别人得到他的职份'，现在，我们就从在座的人中选出一位作为主耶稣的第12位门徒，让他与我们一起见证耶稣的复活吧。"

大家首先推举出犹士都的约瑟和马提亚两位候选人，彼德将两人的名字分别写在两支竹签上，然后祷告说："主啊，请您从这两人中选出一位补充为您的第12位门徒吧。"一支竹签应声跳出，马提亚当选为第12位门徒。大家纷纷上前向他祝贺。

这时，天上传来呼啸之声，一阵风过，那间关闭的大门自动打开，一团舌形火焰凌空落下，一屋子的人都被笼罩在一种极为神圣的气氛之中。大风过后，奇怪的事发生了，这些来自加利利的门徒们忽然说起了以色列的各种方言。大家都被这奇怪的变化感染着、兴奋着，在一种激情鼓舞之下，大家立即走到耶路撒冷的大街小巷，开始宣传起耶稣的观点。

门徒们说："我们的主耶稣按着上帝的旨意来到人间传播福音，你们却借着一双歹毒的手而将他钉死在十字架上。现在，正如你们所看到，所听到的，耶稣复活并升天了。因为耶稣本来就是不会被死亡所摆布的。我们的祖先、先知大卫早就预见了耶稣的复活，而我们这些门徒也可以为耶稣复活作见证。整个以色列民族应当确实地知道：被你们钉死在十字架上的这位耶稣，上帝已经立他为主、为基督了。"

耶路撒冷人听到门徒们的这些话都深感悲痛，有人向门徒们问道："弟兄们，我们应当怎样做呢？"彼德说："忏悔吧，奉耶稣基督之名受洗，使你们的罪得到赦免。要知道，把你们从这罪恶的苦海中救赎出来的是你们自己。"

一批批人接受了彼德等门徒们的教化和洗礼，一天之中就有3000人皈依于耶稣的门下。他们卖掉了田产和家业，将所获钱财赈于其他的穷人。他们聚在一起，过着有物共用、有福共享的生活。

彼德为乞丐治病

耶稣的精神感染着成千上万的人们，耶稣也降神迹于他的门徒们，让他们以自己的方式将博爱施于社会，施于一切需要爱的人们。

那是一个寒冷的冬季，彼德、约翰等人正要走上圣殿去做晚告。在圣殿大门外，他们看见一个瘸腿的乞丐倚在墙跟，将一只脏兮兮的手伸向进殿的每一个人。彼德走向他，乞丐于是便把手伸到彼德面前说："请施舍一点小钱吧。"

彼德说："我没有钱施舍于你，但我以拿撒勒人耶稣的名义，让你的双腿像健康人一样地行走，这样，你就可以用自己的劳动养活自己了。"

"那太好了。"乞丐说，但伸出的手仍没有收回去，他仍希望彼德能善心大发，让他不至于空手而归。彼德拉着他的右手，将他从地上扶起来。这瘸腿的人自己还没觉出什么，就已经在众人面前站立起来。他试着走了两步，居然健步如飞。只见他满脸泪水，一边大叫着："我站起来了，我站起来了！"在场的以色列人都觉得这事真是神了啊，一个瘸了几十年的人，说站起来就站起来，如果不是上帝之手，这样的奇迹怎么会发生呢？

彼德趁机向以色列人说：“这没有什么奇怪的啊，拿撒勒人耶稣在他几十年中不知治好了多少瘫痪的人，不知让多少人从死亡中活了过来。可是，他却被人钉在了十字架上，现在，拿撒勒人耶稣的精神在我们身上复活了，我们愿像他一样，把博爱施于每一个人。”

◇彼德治病

彼德继承了基督的博爱精神，坚定不移地施爱于人间。他的庄严神情与耶稣几乎无二，那镇定的脚步显示出他已完全成为一位圣人。

彼德正激情铿锵地说着，恰好大祭司该亚法陪着以色列的几位官员们路过这里，听到彼德的话，知道他就是耶稣的门徒，立即就将他抓了起来。然而一旁的以色列人叫着说：“为什么要抓他，他正在为残疾人治病，这也算犯罪吗？”

那个刚刚被彼德治好的乞丐也说：“你都看见了，我的腿瘸了几十年了，现在经他的手，我能够站立起来了，这算是犯法吗？”

大祭司该亚法以及其他官员知道得罪了太多的以色列人不好，只好把彼德放了。

耶稣的门徒们治好了一个又一个病人，这样的事实，让更多的以色列人认识到耶稣的力量，于是，一批又一批以色列人把田产变卖了，所得钱款悉数堆放于耶稣门徒们的脚下，他们走到了一起，共同过着各取所需的生活。

彼德的神迹

上帝借门徒们的手，在人世间创造了许多让人神秘莫测的神迹。每天都有无数人将垂死的人、重病的人、瘫痪者抬到彼德的门下，但凡认真忏悔过的人，立即就从病床上爬了起来。彼德的家里门庭若市，彼德在以色列的威望也越来越高，一批批人皈依于上帝的名下。对于这一切，大祭司以及他的同党们看在眼里，恨在心上，他们一心要扑杀耶稣的余党，让以色列人从此不再信奉耶稣。

他们对彼德下起了毒手，将彼德关进了大牢。

当天夜里，大祭司该亚法以及耶路撒冷上层公会的长老及官员们迅速地召集在一起，准备像上次突审耶稣一样来突审彼德。然而不等他们将彼德带上法庭，上帝的使者突然降临到彼德被囚禁的大牢，天使说："现在，你就出现在圣殿里吧，让所有的人们都听到上帝的声音吧。"

天使的手一挥，彼德就走出了戒备森严的监狱，旁若无人地走上了大街，走进了圣殿。彼德神秘地走出监狱的消息不胫而走，人们一批批地集中到彼德的身边，开始聆听彼德绘声绘色的传道。

当大祭司该亚法与长老、官员们准备提审彼德时，那间戒备森严的监狱哪里还见得到彼德的身影？然而，让人不可思议的是，监狱的铁门完好如初。正当一群人面对空空如也的监狱不知所措时，却传来关于彼德在圣殿里向百姓传道的报告。于是，该亚法带着士兵立即扑向圣殿。然而他们看到，无数的百姓护卫在彼德的周围，百姓们愤怒地高呼着："为什么要抓彼德，他犯了什么法？"

一边是武装整齐的士兵，一边是愤怒的百姓，双方对峙着，空气凝固得能随时爆炸起火。该亚法责问彼德说："我已严令不可奉行耶稣，可你们却公然在这里宣传耶稣，你们知罪吗？"

彼德回答说："耶稣以自己的死替人类赎罪，虽然你们把他钉在了十字架上，但上帝却让他复活并升天。问问在场的耶路撒冷人吧，谁都可以向你证明，唯有耶稣才是以色列的救主，是全世界的救主。我在这里宣传耶稣，究竟何罪之有？"

大祭司该亚法命令士兵冲上前去强行逮捕彼德，百姓们则决定为保卫彼德而决一死战。这时候，一个名叫迦玛列的法利赛人附在该亚法的耳边说："这件事还是应谨慎为好，千万不可因抓彼德而引起以色列全境的骚乱。"该亚法说："依你所见，该怎么办呢？”迦玛列说：“最好的办法就是别去管他们，如果他们的行为是违背人心的，总有一天他们会自取灭亡，如果他们的行为是奉行于神的命令，那是任何力量都无法扑灭的。”

一场冲突终于以彼德的胜利而告结束，彼德则在众人的簇拥下走出了圣殿。

司提反殉道

耶路撒冷人越来越多地聚集在耶稣的门下，他们变卖了所有的家产，将成堆的金钱堆放在耶稣的门徒面前，自愿地过着一种各取所需的集体生活。

庞大的教团像一盘散沙，这盘散沙虽然是在耶稣精神的感召下聚集到一起，但如何管理他们，让他们过着健康而又快乐的宗教生活，则是十二门徒当初所未曾料及的。应该说，十二门徒没有这方面的思想准备，也没有这方面的经验。

以色列是一个多民族共聚的社会，教团也是这样。虽然大家聚集到一起，但民族矛盾却时而显现。不久发生了一件事情，希利尼语的犹太人开始向希伯来人发出怨言，说在每天的膳食供应很不平等，起码是忽略了他们的寡妇。如果此事属实，当然是应当改正的。十二门徒立即召集会议，商议着更好地改善集体膳食的问题，以便让所有的人都平等地享受上帝的圣宴。会议最后决定派出7位在以色列人中名声最好、对上帝最信，且又被圣灵充满的人来作教团的生活管理。这7人中的领导者便是一个叫司提反的人。

◇司提反殉道

思想与理念的冲突不是以武力可以解决的，为了一种信仰，往往要做出牺牲，以至生命。司提反的殉道是耶稣被钉十字架的延续，他对狰狞的刽子手们毫不畏惧，希冀的眼睛望向天空。

迫害是无有穷尽的，谁要是赢得了信众，谁就会成为当局的罪人。司提反办事公道，他及时调解了教团生活管理上的纠纷和矛盾，并利用神迹不断为人治病，所到之处，以色列民众皈依者云集。于是，他也成了利百地拿会堂以及古利奈、亚利山大、基利家、亚细亚各处会堂的一些人攻击的目标。不久，司提反即被耶路撒冷上层公会逮捕入狱，司提反也成了继彼德之后第二个受害的门徒。

在审问司提反的公堂上，司提反被指控为“糟践圣所和律法”、“企图改变祖先摩西的律法”，等等。司提反清楚，面对这样强大的恶势力，自己这一次必须以殉道的精神来唤醒以色列人。他决定利用公堂，向以色列人作最后一次演讲。他痛陈了以色列灾难的历史，正是一次次违背上帝意旨的历史。上帝恩宠于以色列人，许挪亚伯拉罕大片的迦南土地，为了治理以色列人，上帝将律法传于摩西，可以色列人什么时候按照摩西律去做了呢？上帝最后一次让他的儿子耶稣来到世间，成为人间的救主，可是，他却被你们钉在了十字架上。

司提反说：“恰恰相反，背叛祖先律法的正是你们，看看你们的行为吧，哪一条是符合摩西律法的？你们的祖先怎样背叛上帝，现在你们更加倍地背叛上帝，应当受审判的是你们，而不是耶稣及其门徒们。”耶路撒冷上层公会决定像对待耶稣一样将司提反处死。司提反被带到郊外的一处荒地上，这时，灿烂的阳光忽然从云缝中透出一缕光亮，司提反抬起头来，从他的脸上露出兴奋的神情，他大声地叫着说：“呵，我看见天开了，我看见了上帝，看见耶稣就站在上帝的身旁向我微笑。主啊，请接受我的灵魂。”人们用乱石向司提反砸去，司提反努力睁开眼向上帝作最一次祷告：“主啊，不要归罪于这些人，他们是无辜的。”

天使解救圣彼德

司提反被害后，司提反的门徒们四散逃避。一批人逃到腓尼基，另一批人则逃到居比路和安提阿。尤其是在安提阿，这是一个犹太人集中的地方，耶稣的门徒们隐蔽在犹太人中间，他们为百姓治病，说着基督耶稣的种种传奇，上帝的声音在这里得到极大的弘扬。正是在安提阿，耶稣的门徒第一次被人称为基督徒。

以色列当局以及上层公会仍然利用一切机会剿杀耶稣的门徒们，一个又一个门徒被他们杀害。在加利利，希律王杀害了约翰的哥哥雅各，接着，他们又四下搜捕彼德。他们当然知道，彼德是耶稣的第一个门徒，在整个以色列，没有人不

◇天使解救圣彼德

当侍卫睡着时，圣彼德应天使的召唤醒来，告诉他得救了。圣彼德粗壮的手臂撑在他睡觉的船板上，望着朦胧的黑暗，不能确信到底是梦还是现实。

知道彼德这个名字，没有人不说彼德就是上帝的福音。只有除掉彼德，才能真正铲除以色列境内的基督徒。

当局派出所有的武装人员，只要得知彼德在什么地方，就立即将重兵开赴那里。除酵节的晚上，彼德正在安提阿与门徒们一起做着祷告，一队武装士兵扑了进来，于是，彼德终于再次被捕。

审问已没有任何意义，他们唯一要做的，就是杀掉彼德，从而除掉心腹之患。就要过逾越节了，按照以色列的律法，逾越节前是不可杀人的，希律王决定一过逾越节就将彼德处以死刑并示众。当局接受上次彼德成功越狱的教训，这一次，他们将彼德关在一座层层防守的监狱里，彼德的身上被捆上两根铁链，另有4个士兵近距离不眨眼地看守着彼德。他们满以为这一次彼德是插翅也难逃出当局的掌心了，然而上帝的力量是不可抗拒的，就在当天夜里，看守的士兵忽然都沉入一种莫名的昏睡之中，这时，监房里忽然灵光闪烁，一位天使从天而降。天使拍着彼德的肩膀说："起来吧，上帝的臣民彼德。"随着一阵哗啦啦的声响，那铁链像纸质般地应声而碎，彼德再一次顺利地走出了监狱。

彼德决定先去马可的母亲马利亚家暂避，他知道，在马利亚的家里，正有许多基督徒聚集在那里举行祷告。当大门打开，彼德突然出现在大家面前时，谁都不相信这是一个事实。彼德说："怎么，不认识我了吗，我是彼德啊，上帝的臣民彼德！"人们发出一阵狂呼，大家兴奋地将彼德围在中间，询问着他成功逃脱的经过，马利亚的小屋沉浸在一种胜利的愉悦之中。

天亮之后，当士兵们从昏睡中醒来，这才发现不见了彼德。士兵们惊慌起来，然而搜遍了监狱的每一个角落，哪里又能见到彼德的身影？希律王恼羞成怒，一

◇圣保罗像

保罗是基督教的受害者，但是在基督的启示下皈依基督教。

气之下将那些看守彼德的士兵全部杀了。

后继者保罗

司提反被害的那天，无数冲动的耶路撒冷人受当局的唆使，参与了对他的迫害。他们向司提反投扔石块，一些人甚至脱下衣服，将石头像雨点一般砸向司提反。但是，就是在这样一个狂潮般的现场，却有一个人借为别人抱衣服为名躲在一角，不肯参与这场残酷的杀人游戏。这个人当时名叫扫罗。受司提反为上帝殉道的影响，扫罗开始信奉上帝，在正式成为彼德的门徒后，改名为保罗。不久，保罗与巴拿巴、西面，古利奈人路求、马念等人成为安提阿教会中有名的先知和极有影响的圣徒。

那一阵子，保罗的行迹踏遍以色列的每一个地方，上午人们还看见他在耶路撒冷向人们传教，下午他又在加利利和基督徒们一起祈祷。既然上帝赋予保罗传播福音的义务，保罗便像当年的耶稣以及后来的彼德一样，他神勇无比，以奇特的方法为人治病，并不断与一些假先知进行过招。

帕弗是以色列的一座小镇，有一次，一个名叫巴耶稣的假先知正在那里游说，想让当地的长老方伯放弃对上帝的信仰。保罗得知后立即赶到那里，他斥责那位假先知说："你这魔鬼撒旦的子孙，你打着耶稣的名号，却干着扰乱主耶稣的正道的勾当，现在主的手正加在你身上，让你瞎掉双眼，使你从此不见光明。"说话间，这假先知的眼睛立刻昏蒙黑暗，再也看不见这世上的一切。方伯见此奇迹，便信了主的正道。

接着，保罗又到了彼西底的安提阿，向当地的百姓讲述以色列民族的悠长历史以及耶稣奉上帝之言来这个世界传播福音的种种神迹。不等散会，便有成千上万的百姓跟从在保罗的身后。

保罗的行为当然触动了当地犹太人的利益，他们唆使一些妇女和当地的名贤，逼迫保罗出境。保罗跺一跺脚，随着一股尘烟，很快便到了以哥念。在以哥念，保罗对瘫痪多年的人说："你起来，两腿站直。"那瘫痪者便跳了起来。保罗对盲人说："睁开你的眼睛，上帝就在你面前。"光明便遍布那人的四周。

就像当年的耶稣以及后来的彼德一样，犹太人的上层公会对保罗恨之入骨，他们决心要除掉保罗，灭掉上帝的声音。终于，他们纠集了一帮人对保罗大打出手，纷飞的乱石一齐向保罗砸去，保罗很快就被乱石埋葬。然而不等那些人散去，保罗却奇迹般地站立起来，接着便健步如飞地向另一个地方而去。

保罗与偶像崇拜的冲突

雅典，一座偶像崇拜盛行的城市，只见那大街小巷到处都是各种偶像，有名的或无名的。人们一批批集结于偶像下，进行着各种祈祷或唱颂。

见此情形，保罗十分痛心，他决心从精神上摧毁这些偶像，树立上帝的正信。他走上街头，走到人群中，向他们宣传上帝伟大的感召力。保罗说："亲爱的雅典市民们，我来到雅典，看到一些奇怪的现象。我看见你们集结于各种偶像下，有的偶像上甚至只写着'未识之神'，多可笑啊，既然是未识之神，你们崇拜它又有什么意义呢？要知道，唯有上帝才是创造宇宙万物之神。"

这里的一些犹太人得知保罗又在宣传上帝，便围上去说："你在胡说八道些什么呀，你凭什么要让你们外邦的神统治我们雅典，统治我们犹太人呢？上帝到底在哪儿？"

保罗说："上帝离我们并不遥远，我们的生活，一切举动，生存或毁灭都在于他。就好比你们雅典诗人写过的诗句：'我们同是他所生。'要知道，上帝是我们的天父，是一切人类的父亲，怎么能说上帝是外邦的神呢？"

一些人听保罗说上帝能让人复活，便将濒死的人抬来，他们要亲眼看看"上帝让人复活"的神话。保罗施行神迹，他对濒死的人说："起来吧，好好看看这个世界。"

奇迹发生了，那人果然就从棺材里爬了起来。保罗对瘫痪的人说："起来吧，自己走回家去。"那人果然就从病床上爬了起来。人们开始相信，如果不是上帝的力量，这样的人间奇迹怎么会发生呢？于是，人们开始远离偶像崇拜，追随在保罗的身后。

亚细亚，同样是一个偶像崇拜的地方。保罗以同样的方式让那里的人们相信，一切偶像崇拜都是徒劳的，唯有上帝才是万能之神。一次，保罗在一座楼上为亚细亚人宣传上帝，一个叫犹推古的青年因为听出了神，不小心从他坐着的窗台上掉下楼去，当场出血而死。人们惊慌起来，纷纷涌下楼去。保罗仍坐在那里一边掰饼，一边谈论着上帝，说："不要惊慌，让他自己走上来吧。"过了一会儿，那青年果然就走了上来。

保罗的传道引起当地偶像职业者的恐慌，有一个名叫底米主的银匠曾参与制造过著名的亚底米神的银龛。他聚集了同行们说："大家都知道我们是依靠制造神龛这手艺来生存和发财的，可是现在却有一个叫保罗的人在全亚细亚反对偶像。如果容忍他继续下去，不仅我们的生存遇到了挑战，或许有一天亚细亚全地和普天之下所敬拜的大女神都要毁于一旦。"

工匠们联合起来，他们包围了保罗等人居住的屋子，并且高喊着口号："伟大啊，亚底米神！伟大啊，亚底米神！"接着，人们又一拥而入，将保罗与他的同事们痛打一顿之后押到一座戏院进行围攻。直到当地的书记赶到这里，一场大骚乱才告以平息。

保罗知道，虽然这场风波暂时平息，但灾难却无可避免，为了上帝的道，保罗已做好殉道的打算，他决定去一趟圣城耶路撒冷。临行前保罗召集亚细亚的基督徒开会，语重心长地说："现在，我决定去耶路撒冷，不知将在那里遭遇什么，但我清楚地意识到，更大的灾难将等待着我。为了我主耶稣，为了上帝的道，我将以我的死，证明上帝的恩惠和福音的永恒。"

基督徒们悲痛地挽留他，希望他继续留在亚细亚。保罗鼓励他们说："从今以后，你们再也见不到我了，但我相信，我已将上帝的旨意毫无保留地传给了你们。我走以后，必有凶暴的豺狼进入你们中间，糟践羊群。希望你们不辞辛苦，扶助弱小。你们当记住主耶稣的话：'贡献比获取更为有福。'"

保罗说完，就跪下与众人祷告。众人痛哭流涕，抱着保罗久久不放。

圣地耶路撒冷

听说保罗要去耶路撒冷，亚细亚的门徒们纷纷前来劝阻。他们带着妻儿老小

◇耶路撒冷城

位于前景的是西墙（也叫哭墙），犹太人常来这里祈祷。这堵墙是仅存的希律王所建的神庙的遗迹。据《圣经》记载，这里就是亚伯拉罕舍子献祭的地方，是耶稣被钉上十字架、埋葬与复活的地方，是基督的圣地。

跪在保罗的面前请求保罗千万不要离开他们，千万不要去耶路撒冷。保罗执意离开亚细亚，在推拿，门徒们仍然苦苦劝阻保罗。保罗去意已定，任何力量也无法阻挡他去耶路撒冷的决心。在该撒利亚，一个叫亚迦布的先知拿着保罗的腰带捆在自己的手脚上说："圣灵说，犹太人在耶路撒冷要如此捆绑这腰带的主人，把他交给外邦人。"然而保罗却说："为了我主耶稣，别说是被人捆绑，就是粉身碎骨也心甘情愿。"

保罗终于到了耶路撒冷，果然，几天之后，那些从亚细亚追赶而来的犹太人就煽动耶路撒冷的百姓说："看啊，这就是那在各地糟践我们百姓、破坏摩西律法和祖宗法典的人，耶路撒冷人啊，怎能容忍这样的人走进圣殿，污秽这神圣之地呢？"人们一拥而入，关闭了圣殿的大门，用保罗的腰带将保罗捆绑。有人主张当场将保罗打死，但遭到另一些人的反对，他们认为，不经审判就治人于死，这不符合以色列的律法。于是，当即有人往军营报信，说他们抓住了一个扰乱耶路撒冷秩序的人。没多久，耶路撒冷千夫长便带着人赶来。此时的保罗已被人殴打成一个血人。千夫长制止了乱民的殴打，将保罗用两条铁链捆绑了，准备带到军营。一路上那些犹太人狂呼着："打死他，打死他！"

围观的群众越来越多，保罗站在台阶用希伯来语对大家说："我原是犹太人，我也像你们一样，迫害过信仰上帝的人，我还领了人到大马色去捉拿上帝的信徒，抓他们来耶路撒冷受刑。那一次就在我快到大马色的时候，青天白日突然放射出夺人的光芒，这时我听见一个声音在叫着：'扫罗、扫罗！'我回答说：'啊，你是谁？'他说：'我就是你所逼迫的拿撒勒人耶稣。'与我同行的人都看见了那光，却听不见那对我说话的声音。这就是我，一个犹太人第一次见到主耶稣的神灵。从此以后，我开始信奉我主耶稣，成了一名上帝的信使，奉命在以色列传播上帝的福音。"

耶路撒冷的犹太人阻止了他的说教，他们高声嚷道："杀掉他，杀掉他！"人们呼喊着，摔掉衣裳，把尘土扬向空中。

谁也无法审判保罗

犹太民族与耶路撒冷

在犹太民族的悠久历史中，从公元前586年的以色列被巴比伦征服开始，大部分犹太族群的栖身地都远离耶路撒冷。甚至在更早的公元前722年，以色列12族中就有10族被亚述人所掳，并被周遭的民族同化。然而犹太人相信，上帝的许诺是针对所有以色列人，因此终有一天12族人都会重回应许地，大卫之城耶路撒冷将再度成为犹太世界的首都。这样的等待在20世纪终于有了结果，犹太人逐渐领悟到要对抗反闪族主义唯一的方法就是拥有自己的土地，于是便在1948年创建现代的国家以色列。耶路撒冷遭到分割，但在1967年又被犹太人统一，进而成为以色列人的首都。

第二天，耶路撒冷的千夫长、祭司长和全公会的人联合起来，开始了对保罗的审问。保罗刚被带上公堂，一名士兵就奉命开始鞭打他。

保罗说："打吧，上帝自然会惩罚你们的。我想请问在座的千夫长、祭司和全公会的长老们，哪有在公堂上鞭打一个无辜的人的法律？"

祭司开始审问道："你是叫保罗吗？你知道自己的罪吗？"

保罗扫了扫公堂上下，发现在座的人中有一半撒都该人，一半法利赛人，于是便说："我是一个法利赛人，是法利赛的子孙，我的所谓罪，是因为我希望死人能够复活。"

果然，保罗的话引起法利赛人和撒都该人的争论，撒都该人说："死人不可复活，同样也没有天使和鬼魂。"法利赛人却认为："死人能够复活，同样也有天使和鬼魂。"两派争论不相上下，一场对保罗的审判变成了法利赛人和撒都该人的宗教争吵。直到最后，他们才想起被晾在一旁的犯人保罗。几个法利赛人说："我们看不出这人到底有什么罪，仅仅因为有鬼魂或是天使对他说过话，你们就能治他的罪吗？"于是保罗被重新带到了兵营。

第一次公审没有治保罗的死罪，引起耶路撒冷的犹太人大为不满，第二天，耶路撒冷的40个犹太人向祭司和公会的长老们说："如果不杀掉保罗，我们就绝食而死。"这愿望与早就要除掉保罗的祭司长和公会长老们不谋而合，当下这些犹太人与祭司长以及公会的长老们密谋，趁着千夫长再次审判保罗的时候，事先安排好的杀手们便一涌而入，在混乱中杀死保罗，然后溜之大吉。

耶路撒冷的千夫长是一位法赛利人，他不敢得罪祭司长和公会长老，却又同情保罗。得知犹太人想与祭司长与公会长老密谋暗杀保罗的消息，千夫长连夜派出200名步兵和70名骑兵，另有200名长枪手，于当夜将保罗秘密押往该撒利亚去，交给了当地巡抚腓力斯。

保罗被送往罗马

在该撒利亚，保罗被关押在希律的衙门里。几天之后，大祭司亚拿尼亚与几个长老、辩士联合向巡抚控告保罗。一个叫帖土罗的辩士首先控告说："腓力斯大人，我们在你的领导下得享太平盛世，全国的积弊，也都因为你的英明而得到改正，我们对您充满感恩的心情。然而，这个叫保罗的人，一个拿撒勒耶稣教会里的小头目，却蛊惑天下百姓、特别是犹太人起来造反，这样的人您说该杀不该杀？"一些看热闹的犹太人也附和着叫道："是的，他煽动造反，他是瘟疫，是异端，是洪水猛兽，杀掉他，杀掉他。"

巡抚问保罗说："他们说的都是事实吗？"

保罗笑了笑说："巡抚先生，说到我煽动百姓造反，那不过是他们捏造的一个事实，我敢说，在座的先生们没有一个人能拿出任何证据来。但有一点我得向你承认，他们所称之为异端的道，正是我所从事的事业，我正是按着这道来侍奉我们祖宗的上帝，并且依靠上帝的神力，使无论善恶，一切人得以真正复活。我想，这也是在座的所有的先生们所祈望的。如果这就是所谓煽动造反的话，那就是吧。"

巡抚腓力斯虽然并不是基督徒，但他对耶稣一直充满着好感。腓力

◇圣保罗皈依

关于圣保罗的皈宗有许多传说，画中所示为保罗被基督徒迫害，从马上被掀下来，因惊恐双眼失明，但他听到了耶稣的召唤。腾空而起的马占了大幅画面，光晕透过云层照射下来，使人感到主的力量。

斯向在场的控告方大祭司与长老们说:“控告方的辩词并没有确凿证据说明保罗是一个罪人,本案暂时休庭,我将会同有关人士,再作定案处理。”

保罗的案子一拖便是两年,这两年里,保罗得到腓力斯的百般关照,腓力斯时常带着夫人以及其他官员前来监狱聆听保罗受洗和传道。两年过去了,急迫的祭司长与耶路撒冷的长老们重新想出了对付保罗的花招,他们忽然向腓力斯的继任者非斯都提出,要将保罗引渡到耶路撒冷再作审判。他们的目的,是要在引渡的半路上将保罗杀掉。

这天夜里,耶稣忽然降临到保罗的监房里,耶稣说:“孩子,你在这里所证明的,必将在罗马继续地证明。去吧,那里有你的一片自由的天地。上帝与你同在。”

保罗知道,这是主耶稣对自己的最恰当的提醒。第二天,他向非斯都提出:“耶路撒冷无法审判我,该撒利亚同样无法审判我,既然这样,我请求去罗马,即使是站在该撒教皇的面前,我也敢大声地说:保罗是无罪的。”

非斯都巴不得不将手中这块烫手的山芋扔掉,于是便同意了保罗的请求。

保罗在海上的预言

前往意大利的路途是遥远而艰难的,押解保罗的船只漂荡在亚底亚海上,就像是一片随风飘荡的树叶。船驶出不久,就遇上了风暴,船在海浪中失去了方向,直到第二天黎明,才漂到一个无名小岛上。

大家在岛上休整了一天,等待风浪过去。第二天一早风平浪静,船正要拔锚启航,保罗忽然大声地说:“巨大的风浪将发生在午后,此时出航会遭遇极大的风险。”但是,谁也不听保罗的劝告,船离开海滩,在蔚蓝色的大海上扬帆启航。到了午后,果然就像保罗所预料的一样,忽然大海上漆黑一片,肆虐的海风掀起海上楼房高的巨浪,船随时都有倾覆的危险。为了保全性命,人们只得把货物抛在海里,以减少船的负载。可是,巨浪还是将船一会儿推上浪尖,一会儿又跌入深谷,一船的人都开始绝望了。直到这时,大家才后悔没有听从保罗的话,强行出海,所以才落到这般境地。大家开始相信保罗,几百号人都将祈望的眼睛看着保罗,希望他能把大家带出这片死亡之海。

保罗说:“大家不要害怕,我所事奉的上帝昨夜来到我的身边向我显现说:‘孩子,你不要害怕,你必将站在该撒的面前,包括你这船上所有的人,都将顺利抵达罗马。'”

保罗说着，海上的风浪似乎就小了一些，但危险并没有消除。保罗又说：“大家可以尽情吃饱肚子，其余粮食以及所有器具统统都扔到海里去吧。”

有人提出，把粮食扔进海里，明天，还有后天，我们吃什么啊？保罗说：“吃过这一餐饭，我们的船就将漂往一座小岛。”保罗说着，就掰起一块饼，悠闲自得地吃了起来。大家见保罗如此平静，便也不再慌乱，于是也学着保罗，掰饼吃了起来。吃饱喝足了，大家将所有的粮食以及船上的器具统统扔进了大海。

君士坦丁与十字架

公元312年，君士坦丁的部队直逼罗马城。君士坦丁在夕阳照射的天空下，看见一个巨大的十字架，上面写着：“凭着这个标记可以取得胜利。”耶稣出现在君士坦丁当晚的梦中，他命人用纯金打造带有基督名字的旗标。得胜后，挺进罗马，自此成为一个坚定不移的基督徒。后来，基督教被定为罗马的国教。

午夜时分，船忽然触到一片沙滩，有人激动地高呼：“保罗万岁，我们果然靠岸了！”

正如耶稣在保罗的梦中所兆示的，罗马果然是一片自由的天地。保罗在这里受到大批基督徒的欢迎，罗马当局允许保罗与其他囚犯分开，只由一名士兵单独看守，保罗的行动也不再受限制。

过了3天，保罗请犹太人的首领前来聚会，保罗说：“弟兄们，我保罗并没有做过什么危害国家和祖宗之法的事，但却被他们披锁戴枷，从耶路撒冷一直押解到罗马。我此来罗马，愿意站在该撒教皇的大殿里大声地说：保罗无罪！”

犹太人首领说：“我们并没有接到耶路撒冷犹太人的任何指控，我们倒是更愿意听听你自己的看法。至于说到犹太教门，那种教派之间的相互攻击我们早已司空见惯。”

犹太人首领的话让保罗大吃一惊，他也终于感觉到，罗马是一个真正的世外桃源，于是保罗也更感激主耶稣在他最困难的时候给他指点迷津，给他带来福音。在这段日子里，保罗每天接待大批的罗马百姓，保罗为他们施洗，为他们传播福音，并用摩西的律法和先知们的著作开导他们，让他们真正懂得上帝是人类的父亲，是人类的至爱，上帝的爱无时不在。罗马，这教皇之城，竟成了保罗施展才干和宣传耶稣的广大课堂。

附录一：发现《圣经》

陶瓮里的“死海古卷”

1948年，在死海附近的洞窟中发现了若干陶瓮，内藏经卷。其中一些卷轴上有用希伯来语和亚兰语书写的《圣经》片段。写成的时间在公元前2世纪，是已知的最早的《圣经》抄本，也是离《圣经》被记录成文的时间最近的文字。

《圣经》分成《旧约全书》、《新约全书》两大部，其间一脉相承，如珠之串，道贯其中。

《旧约全书》描写的主体对象是以色列人的历史，所用文字为希伯来文，共有39卷，著书人至少有35人之多。早期完成的经卷为编于《旧约全书》最前面的创、出、利、民、申等所谓的《摩西五经》，著作完成时间约在公元前1400年左右。最晚完成的经卷为《玛拉基书》，著书时间约在公元前400年左右。因此整个《旧约全书》，著书历时约1000年。所有著者出生的年代、生长的环境、个人的经历以及当时之社会背景均不相同，其中有先知、祭司、文士、君王、宰相、省长、农夫与牧人等。

《新约全书》记载着耶稣基督一生的事迹、使徒们传道经过及其所遭遇到的种种事情。包括四福音书、《使徒行传》、《书信集》（主要是圣保罗的的书信）和圣约翰的《启示录》。

四福音书的作者马太、马可、路加、约翰

《圣经》的历史分期

内藏死海古卷的陶瓮

太古时期 从神创世、亚当被造直到挪亚600岁洪水泛滥全世界为止，此一时期人类历史共历经了10代。在此一时期中，较为特殊的事迹是第十代的挪亚造方舟。

洪水后初期 从洪水泛滥至亚伯拉罕出生为止，历经9代。此一时期人们要建造一座通天塔，以传扬自己的名，为巴比伦塔。

列祖时期 亚伯拉罕75岁时依神的指示，离开哈兰，定居迦南。历经以撒、雅各、约瑟以及12支派各族，此一时期同族的人聚集在一起生活，由长辈指挥与管理同族内的一切事情，因此称为“族长时代”。

出埃及进迦南时期 以色列民中摩西受神选召，他曾胸怀大志，却未能得进迦南地，可能是他一生中最大的遗憾。

士师时期 以色列民进入迦南地后，从约舒亚死后到扫罗王登基为止，共发生过六次循环，经历了12位士师。此一时期可以说是以色列人历史上一个最黑暗与混乱的时代。

统一王国时期 扫罗因他战事大多胜利，产生骄傲与狂妄之心，却以自杀终其一生。扫罗的继任者大卫在位时，国势空前强盛。

分裂王国时期 所罗门王死后，其子罗波安继位，由于他不听老臣的话而加诸百姓许多劳苦，于是国度分裂为北朝的以色列与南朝的犹大。

亡国被掳时期 巴比伦王尼布甲尼撒3次入耶路撒冷，打败犹大国后，每次都将选民掳至巴比伦。

两约之间 在百姓归回后，一直到耶稣降生为止，一般历史学家特称之为“两约之间”。在这段整整达400年的岁月中，选民历经波斯、希腊与罗马帝国的统治。

新约时代 圣经中以耶稣降生的时间作为时代的分界，之后称为“新约时代”。

中世纪时期有手绘花边装饰的祈祷书

绘有插图的《新约全书》

附录二：《圣经》里的节日

根据《圣经》介绍，犹太教源起于“起初”，即“起初神创造”。犹太教的节日多为纪念以色列历史上的重大事件而来；基督教源起于耶稣诞生、传道、死亡复活及升天等事迹，基督徒相信犹太人耶稣是上帝之子。基督教的节日很多，都来自《新约》中有关耶稣的生平事迹，每个节日都是为了纪念耶稣及圣母玛利亚一生中某一重大事件。

犹太教的节日

每周六——安息日

休息及停止劳动的日子，在这一日点亮蜡烛，以象征上帝创造工作的结束。

春 季

普珥节 感恩纪念以斯贴击败哈曼。

逾越节 纪念及庆祝以色列人离开埃及获得自由，以及春季的大麦收成。这一天犹太人要吃未经发酵而烘烤的无酵饼。

建国纪念日 庆祝独立建国的节日，纪念重返以色列。

夏 季

收割节 即七七节，纪念上帝在西奈山颁布十诫给摩西，并献祭初熟的庄稼。

成束的棕榈和香橼

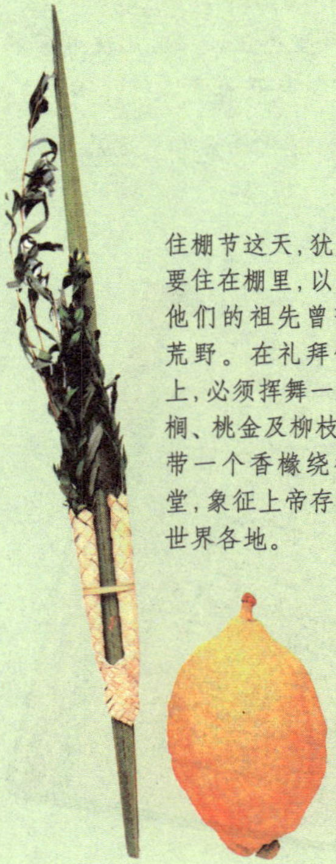

住棚节这天，犹太人要住在棚里，以纪念他们的祖先曾暂居荒野。在礼拜仪式上，必须挥舞一束棕榈、桃金及柳枝，并带一个香橼绕行会堂，象征上帝存在于世界各地。

秋 季

年节 犹太新年是反省及在心灵方面有所更新的时候。在这一日吹羊角提醒大家忏悔思过。

赎罪节 直接向上帝告解忏悔，并祈祷能够获得赦免。

住棚节 在为期7日的收获节期中，参加仪式者架设棚子或帐篷，以纪念以色列人逃出埃及后，上帝在荒野中对他们的照顾。

冬 季

修殿节 亦称灯节。纪念公元前165年犹大·马喀比击败叙利亚人，再度将耶路撒冷圣殿献给上帝。

基督教的重大节日

圣母的少女时代

圣母进殿节 圣母玛利亚幼年时期就自愿献身在耶路撒冷圣殿里侍奉上帝，立志终生守贞，每天读经祈祷，打扫卫生并替人做些女红，所得收入献给圣殿，后来人们把11月21日定为“圣母进殿节”。

圣母领报节 纪念圣母玛利亚领受天使向她传报上帝旨意，得知她将由圣灵感孕而生耶稣。

圣母行洁净礼日 纪念圣母玛利亚在生育耶稣洁净期满后，为婴儿进殿和为自己行洁净礼，并将耶稣献给上帝。

耶稣受割礼日 纪念耶稣在诞生后，根据犹太教的规定，于第八天行割礼和命名。

主显节 为纪念耶稣曾3次向世人显示其神性，其中最重要的一次是他受洗后，圣灵化作鸽子降在他身上，显示出他是天主的儿子。

棕枝主节 纪念耶稣受难前不久，骑驴进耶路撒冷，当时群众手执棕枝热烈欢迎他。

耶稣升天节 根据《新约》记载，耶稣复活后第四十日升天，他死后第五十日，圣灵降临，所以教会规定死后第五十天为“圣灵降临节”。

上帝的羔羊

濯足节 逾越节前夕，耶稣知道犹大出卖了他，在最后的晚餐之前，离席站起来，脱下外衣，拿一条毛巾束腰，把水倒进盆里。给门徒洗脚 ，用束腰的毛巾擦干。并教导说：“我是你们的主、你们的老师，尚且为你们洗脚，你们也当彼此洗脚。”后来教会根据这个教训设立“濯足节”（定为圣周的礼拜四）和“濯足礼”，表示彼此相爱，也表示虚心谦卑。

在基督教众多的节日中，最为隆重的是圣诞节和复活节。

圣诞节 耶稣的诞辰日，也称为耶稣圣诞节、耶稣圣诞瞻礼和主降生节。

复活节 又称耶稣复活节或主复活节、耶稣复活瞻礼，因为它和基督教的重要神学思想相联系，因此成了基督教十分重要的节日。为每年春分后第一次月圆后的第一个星期天。

耶稣为门徒洗脚

附录三：应许地迦南

一般所认知的迦南指的是地中海南岸的一片广大的区域，包括现今以色列、约旦及叙利亚的大部分领土。在亚伯拉罕、以撒及雅各时代，它正位于几个显耀的中东文明之间：南有埃及，东为美索不达米亚，北则是希台族的领土，因而形成贸易商及侵略军队的天然走廊。以色列人曾因内部残杀失去迦南，在埃及寄居长达400年，直到摩西时代，才摆脱埃及人的控制。

以色列人窥探迦南地

耶和华晓谕摩西说："你打发人去窥探我所赐给以色列人的迦南地，他们每支派中要打发一个人，将来都要作首领的。"摩西就照耶和华的吩咐从巴兰的旷野打发他们去，这些人都是以色列人的族长。

摩西说：你们从巴勒斯坦南部的加低斯上山地去，看那地如何，住民是强是弱，是多是少，住处是好是歹，是营盘还是坚城。再看那里的土地是肥美是瘠薄，有树木没有。你们要放开胆量，把那地方的果子带些来。

到了迦南，他们果然发现那里水草丰美，遍地长着瓜果和葡萄。但同时也看见了那里已生活着一个巨大的部落——以东人，他们有着强劲的防御措施。约舒亚和迦勒并未因此而悲观，他们相信神的指引，他们立誓要夺回这个地方。可是很多以色列人开始后悔离开埃及，抱怨声沸沸扬扬。于是上帝给予这些意志不坚的人40天的饥饿惩罚。当摩西带领以色列人通过约旦河时，亚伦病死，后人把埋葬他的那座山称为亚伦山。生活在迦南地区的以东人拒绝接受以色列人，摩西不得不带领他的人民转而向死

迦南地区的居民区

现在迦南地区的居民住房仍以圆顶为主，隐约可见亚伯拉罕时代的生活风貌。

海东部的谋阿布进军。时年摩西已120岁，自知不久于世，回迦南的愿望以遗憾告终。据说摩西的尸体由天使埋葬在一个秘密的地方。

直到约舒亚时期，以色列人几经奋斗，再次征服迦南。

沙漠甜瓜

富饶的迦南

以色列民转牧为农

以色列人在吉甲守逾越节，吃了迦南的土产，第二天吗哪就没有了。神不再把吗哪供应他们，而是要他们以耕田为业，于是以色列民逐渐从游牧生活转化成为农业生活，他们要为自己的生存辛苦工作。